PHILIPP JORDAN
#FATBOYSRUN

WIE MICH DAS LAUFEN
JEDEN TAG AUFS NEUE RETTET

DELIUS KLASING VERLAG

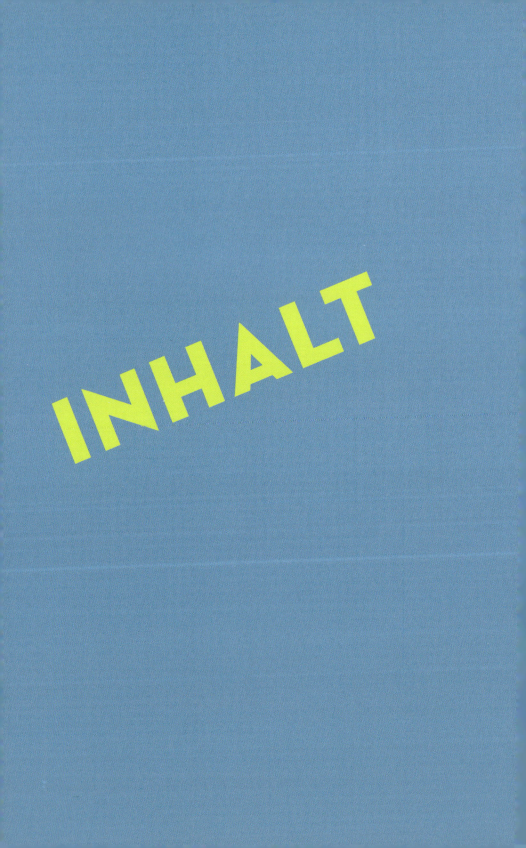

	PROLOG	**10**
#01	THIS IS THE END	14
#02	SKATE OR DIE!	32
#03	ES GEHT LOS!	48
#04	WRITING MY NAME IN GRAFFITI ON THE WALL	62
#05	ALLES HAT EINEN ANFANG!	78
#06	KREBS SUCKS!	88
#07	HIGHTERKEIT	96
	DAS MEHR-MONSTER	**104**
#08	DAS ERSTE MAL	106
#09	FILM OHNE RISS	114
#10	JOHAN CRUYFF HATTE RECHT	122
#11	GRENZEN SPRENGEN MIT ROMAN	136
#12	'S PFERDLE RIECHT DE STALL	148
#13	MIT 1.000 TEDDYBÄREN UM DIE WELT	164
#14	FUCK YOU, BESENWAGEN!	182
#15	FATBOYSRUN	194
	EPILOG	**204**

PROLOG:
DER KLEINE MANN
UND DAS MEHR

»As far back as I can remember, I always wanted to be a gangster.«
Dieser Satz stammt nicht von mir. Er stammt von Ray Liottas Figur
Henry Hill aus dem Film *Good Fellas* des Regisseurs Martin Scorsese.
Ich wollte nie ein Gangster sein, aber andere haben in mir den Gangster gesehen.

Es gab Zeiten, da fühlte ich mich ähnlich verfolgt wie Henry Hill am
Schluss des Films. Das war am Ende meiner aktiven Graffitizeit. Ich
bekam einen Anruf eines befreundeten Sprühers. Er wurde auf frischer
Tat ertappt. Geschickterweise hatte er ein Adressbuch bei sich, in dem
meine Telefonnummer notiert war. Was daneben stand: mein Klarname und mein illegaler Sprühername. Bingo. Panik! Wenig später
fand eine Hausdurchsuchung bei einem weiteren Bekannten statt, der
im Drogenhandel aktiv war und dessen gesamte Wohnung von mir mit
Sprühlack veredelt war – schön verziert mit meinem Sprühernamen.
Dazu fanden die Beamten dort einen Stapel Fotos einiger meiner
Graffitiwerke und nahmen sie mit. Noch mehr Panik!

Man war mir auf der Spur, ich war im Fadenkreuz der Ermittler. Bei einigen anderen Sprühern fanden Hausdurchsuchungen statt,
und immer wurde auch explizit nach mir gefragt. Einer wurde sogar
aus dem Unterricht abgeholt, verhört und gefragt, ob er Philipp Jordan
kenne. Ob er wisse, unter welchem Pseudonym der sein Unwesen triebe? Keine Panik mehr. Die wurde nun abgelöst durch eine ausgewachsene Paranoia! Ich fühlte mich wie Karlsruhes Gangster Nummer eins.
Und dann wurde ich tatsächlich von der Polizei aufgegriffen. Mit ein
paar anderen Malern (so nennen wir Sprüher uns untereinander) spazierte ich auf einer Gleisanlage herum und wir hatten die Rucksäcke
voller Sprühdosen. Nachweisen konnte man uns nichts, aber meine
Paranoia befand sich dadurch auf einem absoluten Höhepunkt. Das
mochte sicher auch mit dem exorbitanten Konsum von Cannabis in
jener Zeit zu tun haben. Doch überraschenderweise wurde mir nie der

PROLOG

Prozess gemacht, und eine Hausdurchsuchung gab es auch nie. Dafür litt ich monatelang, ich fühlte mich ständig verfolgt, jeder Polizist dieses Landes war in jener Zeit hinter mir her.

Vor wenigen Jahren wurde ich für dieses Gefühl der ständigen Verfolgung überraschend entschädigt. Von der Polizei höchstpersönlich. Mir wurde ein Flugblatt zugespielt, das das Landeskriminalamt für besorgte Eltern und Lehrer veröffentlicht hatte. Es sollte den Adressaten dabei helfen, zu erkennen, ob ihr Kind beziehungsweise Schüler dem Graffitivirus erlegen war, gleichzeitig war es eine Warnung vor den zivil- und strafrechtlichen Folgen. Auf der Vorderseite des Faltblattes war ein Foto eines Charakters – so nennt man Figuren in der Graffitiwelt – von mir zu sehen. Auf seiner Wollmütze stand mein Sprayername. Also der Name, den ich illegalerweise auch auf Züge und Mauern gemalt hatte. Ich erzählte meinem Vater davon – er ist Anwalt, sein Spezialgebiet ist Urheberrecht. Er klärte mich auf: All meine illegalen Aktivitäten waren kurz zuvor verjährt. Yes. Unautorisierte Nutzung meines Bildes durch die Polizei. 1.500 Euro bitte! Chi-ching! Nie hat mich eine eingehende Zahlung so erfreut.

Im Gegensatz zu dem Mafiaprotagonisten Henry Hill war ich also nie ein richtiger Gangster, dennoch beginne ich meine Geschichte mit diesem Zitat. Warum? Weil ich mich extrem als Gangster gefühlt habe. Andere haben oft den extremen Typen in mir gesehen, mich für verrückt gehalten, manchmal sogar für kriminell. Das ist etwas, was sich wie ein roter Faden durch mein ganzes Leben zieht. Es hat eine Weile gedauert, bis ich diesen roten Faden entdeckt habe. Denn wenn ich sage, dass ich in fast allem ein wenig anders bin, oder gesehen werde, als der Rest, dann meine ich das nicht nur im positiven Sinn. Ich bin kein Superheld, ich verfüge nicht über eine einzigartige Gabe, ich bin auch nicht der Außenseiter, der es am Ende allen zeigt, aber eines ist sicher: Ich habe in den Augen vieler Menschen einen Hang zum Extremen. Anstatt als Kind mal eine Comicfigur zu zeichnen, zeichnete ich massenweise Comichefte mit selbst erdachten Helden, verbrachte Tage und Nächte damit, kopierte die Hefte bei meinem Vater im Büro und verkaufte sie in der Schule. Wenn andere sich mit einem Kinobesuch am Tag zufrieden gaben, ging ich 3-mal ins Lichtspielhaus, führte über das Gesehene Buch, fertigte für jeden Film eine Rezension an und rief später einen der erfolgreichsten deutschen Film-Podcasts ins Leben.

Auch als Maler reichte mir nicht ein einzelner auf Leinwand gemalter Teddy. Nein, ich malte weit über 1.000 Teddybilder, machte eine Installation daraus und tourte mit ihr um die Welt. Ob Enthaltsamkeit oder Konsum, für mich gab es immer nur das Maximum. Bei einem All-you-can-eat-Buffet ist bei mir Nomen auch Omen. Da wird »all« reingestopft, was ich »eaten« kann, bis mich die saure Kotze am Gaumen kitzelt, nur um dann wieder am Jahresanfang drei Wochen lediglich von Wasser und Brühe zu leben. Das nennt man Heilfasten, und mittlerweile ist das total hip.

Auch im Konsum berauschender Mittel war ich extrem. Nichts und niemals oder alles und immer. In meiner Jugend interessierte mich Alkohol und Rausch überhaupt nicht, ich machte daraus regelrecht eine Religion. Ich nannte das Ganze »Reason Movement«, und mein toller Verein hatte ganze zwei Mitglieder. Meinen Freund Jonas und mich. Vielleicht lag das an den Regeln: Man durfte nicht trinken, nicht rauchen, kein Fleisch essen, und selbst One-Night-Stands waren verboten. Es muss an meiner unendlichen Kulanz gelegen haben, dass es überhaupt ein zweites Mitglied geben durfte, denn Jonas wehrte sich vehement gegen die One-Night-Stand-Regel – und brach sie auch regelmäßig. Später habe ich eine Reise ins andere Extrem genommen und mich wegen meines Drogenkonsums oft zitternd und schwitzend über einer Kloschüssel wiedergefunden, um das letzte bisschen Flüssigkeit in Form von bitterer Galle ins Abwasser zu spucken. Warum konnte ich nicht gemäßigt konsumieren? Warum musste es erst der komplette Verzicht sein – und später der ungezügelte Konsum?

Viele Menschen schüttelten schon den Kopf über mich und mein Verhalten, von manchen erntete ich aber auch Bewunderung. Augenscheinlich polarisiere ich. Vermutlich ist mein Motor anders getaktet. Ich habe Ausdauer wie ein Duracell-Häschen. Ich kann reden wie ein Wasserfall. Insofern bin ich oft extrem in meinem Sein und Tun. Ich mag die Bezeichnung »extrem« eigentlich überhaupt nicht, auch wenn sie manchmal den Nagel auf den Kopf zu treffen scheint. Ich ziehe eine andere Formulierung vor: Ich kann mich mit absoluter Leidenschaft und Hingabe in Sachen verlieren. Oder mich auch gern mal kopfüber hineinstürzen – mit Anlauf und hochgekrempelten Ärmeln. Wenn ich an etwas Gefallen finde, kann ich einen schier unstillbaren Durst entwickeln. Das kann in völlig verschiedene Richtungen gehen und entweder sehr willkommene Früchte tragen oder mich ins Unheil stürzen. Eines Tages entdeckte ich das Laufen. Ich entdeckte es wieder. Wieder, weil ich als Kind schon mit meinem Vater und meinem Bruder lief. Aber als Jugendlicher gibt es nichts Uncooleres, als das zu tun, was der eigene Vater tut. Auf einmal war da etwas, das eigentlich die ganze Zeit vor meiner Nase war, das wie die Antwort auf alle meine Fragen wirkte: das Laufen. Das Ultralaufen. Auch hier ist das »Mehr« Programm. Hier schaffe ich es endlich, meinen Motor an seine Grenzen zu bringen. Hier kann ich endlich ein inneres Gleichgewicht finden. Ich war schon immer süchtig nach mehr. Nach vielem Suchen habe ich mein perfektes Mehr gefunden.

Denn:
»As far back as I can remember,
I always wanted: MEHR!«

#01

THIS IS THE END

ZIELEINLAUF NACH 14 TAGEN

Da ist er also. Der letzte Tag. Die letzte Etappe. Wie an jedem Morgen der vergangenen 14 Tage, packe ich auch heute meine große Tasche und zurre sie auf dem Ziehwagen fest, den ich mir um die Hüfte schnalle. Es hat etwas Festliches. Wir sind eine Einheit geworden, dieser Ziehwagen und ich. Wir haben uns kennengelernt. Miteinander leben gelernt. Ab und zu hatten wir auch Differenzen, aber ich hätte es nie ohne ihn geschafft. Er ohne mich übrigens noch viel weniger. Fast 700 Kilometer lang dauerte unsere Freundschaft, und jetzt ist es Zeit für unser letztes Rendezvous. 700 Kilometer zu Fuß, von Utrecht bis nach Karlsruhe. Von meinem neuen Zuhause zu meinem ehemaligen Zuhause. »Home2Home« habe ich die Aktion getauft. Und das Ganze für einen guten Zweck.

Wenn ich die Zeit fünf Jahre zurückspule, ist das alles absolut surreal. Hätte man dem auf der Couch hängenden Fettsack von damals erzählt, er würde mal zwei Wochen lang jeden Tag fast nur laufen, hätte er laut gelacht. Und wäre wahrscheinlich schon allein dadurch ins Schwitzen geraten. Ich, ausgerechnet ich! Ich war zwar immer ein bewegungs-freudiges Kerlchen, aber ich war auch nie ein Athlet. Ich war nie, auch nicht ein einziges Mal, irgendwo Erster. Ich war nie dieser disziplinier-te und ehrgeizige Sportstyp. Und nach der Geburt unserer Kinder bin ich zudem geschwollen! Am ganzen Körper! Als ob ich meiner Frau den Schwangerschaftsbauch nicht gegönnt hätte. Ich musste wohl auch einen haben. Ich hatte mich beinahe aufgegeben. Ein Marathon? Nie im Leben! Und jetzt stehe ich hier am Ende dieses selbst gemachten Laufabenteuers. Am Ende dieser völlig verrückten Challenge, von der ich nie wusste, ob ich mich da nicht völlig übernommen hatte.

Es ist ein großer Moment für mich, dennoch bin ich seltsam verhal-ten und nur ein wenig aufgeregt. 37 Kilometer liegen noch vor mir, in 37 Kilometern erreiche ich das Ziel, den Ludwigsplatz im Herzen Karlsruhes. Die heutige Etappe ist eine kurze Etappe, am Tag zuvor lief ich sogar nur 25 Kilometer. Ich wäre am liebsten bis Karlsruhe durch-gelaufen, aber ich hatte mich für heute mit meinem Trainer und Pod-cast-Partner Michael Arend verabredet. Er ist extra mitten in der Nacht aufgestanden und aus dem Allgäu hergefahren, um mich ein Stück auf dem Rad begleiten zu können. Er hat großen Anteil daran, dass ich es ohne Probleme bis hierhin geschafft habe. Intervalltrainings mit Umfängen bis zu 21 Kilometern. Mit Ziehwagen. Einen Kilometer schnell, einen Kilometer gemütlich. An anderen Tagen fünf Stunden am Stück mit voll bepacktem Wagen in ruhigem Tempo laufen. Der alte Folterknecht! Aber wie bei einem bösartigen Nachhilfelehrer, der einen stundenlang Mathe büffeln lässt, während die anderen Kids draußen spielen, ist man im Nachhinein dankbar.

Der gestrige Tag war todlangweilig. Germersheim ist eine Kleinstadt in der Pfalz. Sie schafft den Spagat zwischen Idyll und Arsch der Welt vorbildlich. Da ich recht früh ankam, habe ich die Stadt ausführlich erkundigt. Ein paar Supermärkte, Restaurants und ein paar kleinere Geschäfte. Das war's. Womit Germersheim allerdings wirklich hoch punktet, ist die Anzahl der Eisdielen. Drei an der Zahl, alle in 15 Minuten erlaufbar. Eine hat sogar eine eigene Karte für Spaghettieis. Achtung, Spoiler: Bis auf die klassische Variante ähnelt optisch keine Kreation einem regulären Pastagericht. Über den Tag verteilt testete ich alle Eisdielen, und ich bewegte mich nahe an der Kotzgrenze.

Das Hotel, in dem ich die Nacht verbracht habe, ist in den 70er-Jahren stehen geblieben. Vielleicht funktionierte schon damals das in den Bettkasten eingebaute Radio nicht. Jetzt gibt es auf jeden Fall keinen einzigen Ton von sich. Auf dem Tisch steht tatsächlich ein Aschenbecher. Es scheint, als hätte dieser seine Daseinsberechtigung, denn die kleine Tischdecke hat ein Brandloch. Vielleicht stammt die Decke aber auch aus den 70ern. Vom Style her würde es passen. Auf der Kommode steht ein altes Telefon. Scheinbar nur zur Zierde, denn auch das funktioniert nicht mehr. In der Dusche fehlt eine der vier Schiebetüren, und das Handtuch ist ein knallbuntes Handtuch mit einem Comicaufdruck. Meine Vermutung: Hier hat man schon lange aufgegeben, den Anschein eines echten Hotels wahren zu wollen. Auf meiner Reise habe ich sowieso die verrücktesten Unterkünfte besucht. Das passiert, wenn man die Hotels am selben Tag des Bezugs noch schnell auf seiner Karten-App aussucht und keinen Blick auf Rezensionen im Netz wirft. Aber wer 60 Kilometer durch die Hitze gelaufen ist, stellt keine hohen Ansprüche, der empfindet jedes Bett als puren Luxus.

HITZESCHLACHT
VON UTRECHT NACH KARLSRUHE, UND DIE SONNE HATTE SELTEN MITLEID MIT MIR.

MAJESTÄTISCHE KULISSE
LAUFEN MIT ZIEHWAGEN AM RHEIN BEI BONN.

Ich checke aus und suche auf meiner App den geschicktesten Weg Richtung Rheinbrücke. Ich laufe durch das noch verschlafene Germersheim. Noch verschlafener als tags zuvor. Morgenstund hat Gold im Mund. Es wird wieder ein heißer Sommertag. Bis auf einen Regentag hatte ich nur solche Tage. Okay, es gab doch Unterschiede: Entweder es war heiß und trocken, oder es war schwülheiß. Eigentlich absolut kein Laufwetter, aber ich laufe lieber in der Hitze als in der Kälte.

Dennoch bin ich während des Runs früh aufgestanden, um die ersten 20 Kilometer noch vor dem großen Hitzeeinbruch hinter mich zu bringen. Warum mach ich das zu Hause nie?

Als ich die Rheinbrücke überquere, liegt eine Blindschleiche vor mir auf dem Weg. Ich mache ein Foto und gebe mir Mühe, sie so gefährlich wie nur möglich erscheinen zu lassen. Aber meine Fotografie-Skills machen aus dieser Echse ohne Beine keine gefährliche Schlange. Schade. Auf meiner Reise zu Fuß bekam ich viele Tiere zu Gesicht. Das sonderbarste war wohl das Knäuel aus Wiesel und Ratte. Die Ratte habe ich erkannt, und zumindest glaube ich, dass da auch ein Wiesel beteiligt war. Ich wäre beinahe drüber gestolpert und habe irgendetwas gerufen vor Schreck. Wenn es denn ein Wiesel war, bin ich mir ziemlich sicher, dass das Wiesel die Ratte verspeisen wollte und nicht andersherum. Ich werde nie Sicherheit darüber erlangen, welche felligen Wesen da Tango getanzt haben, denn bevor ich das Knäuel fotografieren konnte, war dieses im tiefen Gras verschwunden.

Auf der anderen Rheinseite laufe ich auf einem Schotterweg direkt am Fluss. Der Rhein und ich sind inzwischen dicke Freunde geworden. Ich darf ihn bestimmt duzen. In den vielen Stunden, die wir zusammen verbracht haben, ist er mir nie auf die Nerven gegangen. Viele Laufkollegen warnten mich vorher, dass so ein langer Lauf zu monoton sei. Zu wenig Abwechslung. Zermürbend. Das empfand ich nie so. Er hat mich eher geerdet. Logo, es gab viele langweilige Passagen. Und wenn man Distanzen um die 60 Kilometer in der Hitze läuft, kann man auch mal genervt sein. Aber nie war der Rhein selbst mein Feind. Auf den Geist gingen mir andere Dinge, wie dieses lange Lastenschiff, das immer konstant neben mir her fuhr. Stalken die mich? Oder diese Autos, die teils nur wenige Meter neben mir

ENDLOSE FELDWEGE
DER LETZTE TAG DES »HOME2HOME«-RUNS IN DER SCHÖNEN PFALZ.

THIS IS THE END

vorbeirasten und statt einer frischen Brise nur stinkende heiße Luft in mein Gesicht bliesen. Der Rhein hingegen hatte eher etwas Tröstendes. Denn auch in schweren Momenten wusste ich, dass er mich nach Karlsruhe führen wird. Er floss neben mir her und war gleichzeitig schon am Ziel. Wie jemand, der einen bei einem Lauf begleitet und ab und zu berichtet, wie es im Zielbereich aussieht.

Ich bin fast am Ziel. Bilde ich mir das nur ein, oder riecht die Luft nach meiner Jugend? Wenn man von Holland bis runter nach Süddeutschland läuft, erlebt man natürlich nicht nur einen landschaftlichen Wandel, sondern auch einen sprachlichen. Holländisch, Niederrheinisch, Kölsch, Hessisch, Mannheimerisch, Pfälzisch und schlussendlich der badische Dialekt der Karlsruher. Die Übergänge sind oft fließend. In Germersheim war ich sprachlich sehr nah an der Heimat, und nun spitze ich die Ohren, wenn ich Spaziergänger überhole, um ein paar Worte des hiesigen Dialektes aufzuschnappen. Ich habe den nie wirklich gesprochen. Meine Mutter kommt aus dem hohen Norden, und mein Vater ist als Kind oft umgezogen. Wir sprachen zu Hause hochdeutsch. Karlsruherisch hat etwas Vulgäres, doch wenn ich es höre, fühlt es sich vertraut an, dann fühle ich mich heimisch.

Der GPS-Track auf meiner App, dem ich immer stur gefolgt bin, führt mich heute über einen Schotterweg auf eine Art Deich. Immer wieder Bauarbeiten, die mein Vorankommen bremsen. Der Ziehwagen macht kurze Kletterpartien im Sand oft zu einem Kraftakt. Sagte ich eben noch, wir wären Freunde? Nun, jetzt hab ich große Lust, diesen Freund in die Walachei zu feuern. Im hohen Bogen.

Irgendwo lese ich, dass ich wohl in der Nähe von Liedolsheim bin. Das berührt mich emotional. Liedolsheim ist nämlich der erste Ort, der eine direkte Verbindung zu meiner Kindheit herstellt. Hier wohnte einer meiner Klassenkameraden, bei ihm habe ich auch mal übernachtet. Er hatte diesen total neumodischen Schlüsselanhänger, der piepte, wenn man pfiff. Wir haben stundenlang diesen bescheuerten Schlüssel versteckt und den jeweils anderen wieder suchen lassen. Those were the days ... ohne Smartphones.

Jetzt fühlt sich das Ziel sehr nah an. Ich sehe ein Reh unten im hohen Gras beim Fluss. Ich fotografiere es, merke aber gleich,

dass die Fotos, wie so oft, nichts taugen. Wann kommt endlich mal jemand mit einem ausfahrbaren Teleobjektiv für Smartphones um die Ecke? Der Deich, auf dem ich laufe, macht das Laufen immer mehr zur Tortur, andauernd unterbrechen Baustellen mein Vorankommen. Ich telefoniere mit Michael, und wir diskutieren, ob es Alternativen gibt, die nicht direkt am Rhein entlangführen. Es gibt sie. Es gibt einen Weg, der direkt zum Karlsruher Schloss führt. Wie mit dem Lineal gezogen. Es hätte nicht besser kommen können. Typisch Karlsruhe. Es ist die jüngste Stadt Deutschlands und wie auf dem Reißbrett entworfen. Die Innenstadt gleicht einem Fächer, wobei alle Straßen zum Schloss führen. Dass ich durch den Wildpark – so heißt der Wald hinter dem Karlsruher Schloss – direkt in den Schlosspark laufen werde, versetzt mich in eine feierliche Stimmung. Der Schlossgarten, Herz und Erholungsgebiet der Stadt, hat mir viele Stunden meiner Jugend versüßt. Einst einer der wichtigsten Skatespots, später der ideale Platz zum Chillen, Frisbee spielen oder Freunde treffen. Und jetzt, viele Jahre später, Kulisse für meinen selbst gebackenen Zieleinlauf. Aber noch ist es nicht so weit. Ich muss noch über 20 Kilometer laufen.

Ich treffe endlich Michael. Er kommt mir mit dem Fahrrad entgegen. Es ist das erste Mal, dass wir uns persönlich treffen. Wir haben schon so viele Podcasts miteinander aufgenommen, telefoniert, geskypt und gechattet, aber jetzt sehen wir uns endlich mal leibhaftig. Michael hat mich über längere Zeit mit Trainingsplänen versorgt, meine Daten ausgewertet und sogar den GPS-Track für die gesamten 700 Kilometer gebastelt. Nun begleitet er mich ins Ziel. Auf dem Papier passen Michael und ich eigentlich so gar nicht zusammen. Er ehemaliger Soldat, ich Künstler. Er gewinnt immer wieder Trail-Wettkämpfe, wie zum Beispiel den Zugspitz Ultra oder den Joker Trail, den er gleich 4-mal gewann. Ich wiederum fühle mich schon als Sieger, wenn ich innerhalb der offiziellen Cut-offs das Ziel erreiche, ohne zu sterben. Er konservativ und ich eher die Kategorie linksgrün versiffter Gutmensch. Und trotzdem verstehen wir uns super und respektieren uns. Das kann ich zumindest von meiner Seite aus sagen, und ich glaube, Gleiches gilt für ihn. Leider ist das in den heutigen Zeiten ja nicht mehr selbstverständlich. Und jetzt radelt er neben mir her, und wir unterhalten uns. So viele Menschen haben mich auf meiner Reise unterstützt, und Michael tut dies auf dem letzten Stück. Irgendwie passt gerade alles. Fahrradbegleitung hat etwas sehr Angenehmes. Im Gegensatz zu einer laufenden Begleitung hat der- oder diejenige immer eine ruhige und somit beruhigende Stimme und erinnert einen durch eigenes Schnaufen nicht ständig daran, dass man ja selbst gerade läuft. Wie positiv sich das auswirkt, merkte ich, als mich Nane – eine Podcast-Hörerin, die mich vor Düsseldorf abpasste, locker 30 Kilometer mit dem Rad begleitete.

Michael und ich unterhalten uns über Gott und die Welt. Ich frage ihn ein bisschen zu seiner Soldatenvergangenheit aus und erzähle von meinen letzten 650 Kilometern. Ich bin selber erstaunt, wie einfach es eigentlich war. Ich habe zwar gelitten wie ein Hund, mich durch die Hitze gekämpft und hatte auch wirkliche Tiefpunkte, aber die richtig großen Probleme blieben aus. Keine Verletzung, keine Krämpfe. Nicht mal eine Blase hatte ich. Worüber ich am meisten erstaunt bin: Ich hatte nicht ein einziges Mal Muskelkater oder steife Beine. Drei Jahre zuvor konnte ich nach meinem ersten Marathon eine halbe Woche kaum laufen und nur rückwärts – und nicht wirklich graziös – die Treppe runtergehen. Nach meinem ersten Ultramarathon war ein Aufstehen ohne lappenhaftes Gequengel nicht drin. Aber scheinbar haben die vielen Kilometer, die ich seitdem zurückgelegt habe, und Michaels unbarmherziger Trainingsplan doch Früchte getragen. Und da auch immer noch ein Quäntchen Glück dazu gehört, muss ich den Laufgöttern wohl auch danken.

Die Motivation hat mich glücklicherweise auch nie verlassen. Jeden Morgen freute ich mich auf die Tagesetappe, ohne den nötigen Respekt zu verlieren. Ich konnte die Sehenswürdigkeiten, die die Landschaft und Städte zu bieten hatten, genießen. Lustigerweise war ich am meisten von dem Touristen-Hot-Spot-Numero-uno enttäuscht, der Loreley. Ein langweiliger Fels, der dem Drachenfels oder dem Siebengebirge nicht das Wasser reichen kann und trotzdem Busse voller Japaner anzieht.

Ich erfreute mich an den Menschen, die mich begleiteten, und an denen, die ich am Wegesrand kennenlernte. Viele nette Gespräche mit Podcast-Hörern und Freunden. Unzählige

ZIELGERADE!
NACH 700 KILOMETERN NUR NOCH EIN PAAR SCHRITTE AUF DER KARLSRUHER WALDSTRASSE.

MICROPHONE CHECKER
EIN KURZES INTERVIEW FÜR DIE LOKALNACHRICHTEN.

Small Talks mit Bäckereifachverkäuferinnen und Tankstellenbesitzern. Wie oft sieht man schon einen nass geschwitzten Freak, der mit einem seltsamen Ziehwagen um die Hüfte in der Mittagshitze hereinspaziert kommt und zwei Liter Apfelschorle kauft! Apfelschorle war sowieso mein Hauptnahrungsmittel. Es ist isotonisch und schmeckt wesentlich besser als die ganzen künstlichen Sportgetränke und Gels, derer ich mich schon nach etwa 100 Kilometern entledigt hatte. Ich werde wohl nie wieder im Leben eine Apfelsaftschorle trinken können, ohne dabei an meinen Lauf zu denken.

Eine weitere Konstante war der allabendliche Besuch beim Italiener. Habe ich ein einziges Mal nicht Salat und Pasta zum Abendessen gegessen? Ah, da waren die Spätzle mit Pilzen – zählt auch als Pasta-Gericht! »Never change a running system«, sagen die Informatiker. Das mit dem »Running System« ist prima auf uns Läufer übertragbar.

Noch grob zehn Kilometer bis Karlsruhe. Michael macht immer wieder Fotos. Ich habe mich für 12 Uhr mit einem Kamerateam von *BadenTV* am Zielpunkt verabredet. Ansonsten wird das Empfangskomitee überschaubar sein, zwei Bekannte haben sich angemeldet. Auf Facebook habe ich zwar bekannt gegeben, dass ich irgendwann zwischen 11:30 und 13 Uhr ankomme, aber ich erwarte keinen großen Ansturm. Weder meine Eltern noch meine Frau und Kinder können kommen. Mir ist das ja irgendwie recht. Ich war von Anfang an in der doofen Lage, dass ich einerseits so viel Aufmerksamkeit wie möglich für den guten Zweck generieren musste, andererseits aber auch nicht die Pferde scheu machen wollte, nur um dann nach einer Woche aufgeben zu müssen. Ich bin zwar zuvor mal 80 und 100 Kilometer am Stück gelaufen, aber knapp 700 Kilometer in zwei Wochen mit Ziehwagen? Das war absolutes Neuland für mich. Auch wenn man bestens trainiert ist, bleiben immer gewisse Zweifel, und wer lädt sich schon gern ein großes Publikum ein, das einem beim Scheitern zuguckt? Ich hatte mehrere Radiointerviews gegeben, musste aber feststellen, dass durch diese Auftritte kaum Spendengelder generiert wurden. Fast der gesamte Betrag kam durch Freunde und Podcast-Hörer zustande. Ich hoffe ein wenig drauf, dass über *BadenTV* noch ein paar Euros ins Haus flattern.

Und dann geht es plötzlich viel zu schnell. Ich sehe am Ende des Wegs durch einen Parkeingang das vertraute helle Gelb des Karlsruher Schlosses blitzen. Ups, da habe ich mich wohl ein wenig in der Zeit vertan.

Den Leuten vom Fernsehen habe ich mich erst in einer halben Stunde angekündigt. Ich zücke mein Handy und kommuniziere die Lage. Und dann laufe ich auf einmal im Schlossgarten. Das ist Heimat, Westentasche, Jugend. Das ist absolute Vertrautheit. Ich spüre, dass ich auf einmal doch völlig erregt bin. Meinen Körper durchströmt Adrenalin. Ich laufe planlose Schlangenlinien, und mein Ziehwagen kippt fröhlich hin und her. So viele Wege gibts hier aber auch nicht, also laufe ich irgendwann einfach quer übers Gras. Dann rechts durch das Tor in Richtung Bundesverfassungsgericht. An dessen Treppen habe ich als Kind unzählige Stunden in der Sommerhitze geskatet. Diesen hellroten Steinboden habe ich mehrfach unfreiwillig geküsst. 100 Meter weiter habe ich meine erste Watsche kassiert, weil ich jemanden falsch angeguckt habe. Jahre später habe ich den Schläger kennengelernt, dann aus den Augen verloren, und als ich ihn irgendwann wieder traf, war er Zuhälter. C'est la vie.

Ich befinde mich gerade in einem seltsamen Tunnel. Eine Mischung aus einer Reise zurück in der Zeit und einer Ehrenrunde im Stadion. Das Wachpersonal des Bundesverfassungsgerichts, der Schotter unter meinen Füßen, die Geräusche der Stadt. All das, was mir bewusst macht, dass ich jetzt wirklich da angekommen bin, wo ich die letzten knapp 700 Kilometer hinwollte, hat die gleiche Wirkung auf mich wie eine jubelnde Menge bei der Zielankunft eines Marathons. Und auf einmal bin ich auf der Waldstraße, die direkt Kurs auf den Ludwigsplatz im Herzen der Stadt nimmt.

Kunsthalle links, dann der US-Shop rechts. Hier habe ich mir als junger Spross mal eine Tarnhose gekauft. Ein Stück weiter rechts ein Schuhladen und daneben eine Burgerkette. Hier hab ich meinen allerersten Hamburger gegessen. Damals war es noch ein Burger King, inzwischen ist es ein McDonald's.

Dann kommt der Moment, in dem ich die Kaiserstraße überquere. Die Hauptschlagader der Stadt. Das hier war mal der Ku'damm, ach, was rede ich, die Fifth Avenue meiner Kindheit. Dort herrscht ein wildes Treiben. Menschen beim Shopping, Straßenbahnen, die sich mit schrillem Klingeln einen Weg bahnen. Ich erinnere mich an meine täglichen Fahrten mit der Bahn als Schüler. Unzählige Stunden, morgens zwischen Zeitung lesenden Pendlern in Anzügen, mittags zwischen nach Schweiß stinkenden, besoffenen Proleten, Kindern und seufzenden Rentnern. Und dann ist er auf einmal direkt vor mir: der Ludwigsplatz. Mein Ziel. Das Ende. Ich laufe langsam aus, weiß nicht, wann ich stehen bleiben soll. Es gibt ja keine Ziellinie. Ich habe fertig! Yeah! Keine Sau hier. Doch, weiter hinten erhebt sich ein alter Schulfreund aus einem Sitz. Und dann gesellt sich noch ein Studienkollege meiner Frau zu uns, der das Ganze wohl auf Facebook verfolgt hatte. Ach Mist, ich habe das TV-Team ganz vergessen. Der Warnanruf von mir vorhin kam wohl zu spät. Die wollten doch unbedingt meine Ankunft filmen! Pech. Suse, die Frau von Colling, einem meiner besten Freunde, kommt auch. Ich darf heute bei ihnen schlafen. »Three is a crowd«, hier ist ja richtig was los! Und jetzt kommt das Fernsehteam an. Ich soll für die Aufnahmen noch einmal ins nicht vorhandene Ziel laufen. Mit Ziehwagen und gespielter Freude. Ich mache das mit. Fake News! So schnell geht das. Ich gebe ein kurzes Interview, und sie verabschieden sich wieder. Irgendwann stehen nur noch Suse, Micha und ich da. Wir beschließen, zu gehen.

Das war's dann wohl. Es fühlt sich seltsam an. Da habe ich zwei Wochen lang gebangt, ob ich diesen Moment erleben werde, und trotzdem bleibt die erwartete Freude, die überschwängliche Freude, aus. Ich muss an Rafael Fuchsgrubers Worte denken. Er schickte mir, nachdem er mich zwei Tage lang begleitet hatte, eine Nachricht, in der er mir riet, ich solle den Moment genießen, wenn mir bewusst würde, es geschafft zu haben. Man würde das oft vergessen. Ich gebe ja mein Bestes, aber komme dann irgendwann zu dem Schluss, dass ich das alles erst mal verarbeiten muss. Ist wie mit dem Abitur. Jedes Mal, wenn ich als junger Schüler Abiturienten feiern sah, wurde ich neidisch und stellte mir vor, wie unglaublich groß meine Freude sein würde, wenn ich diese Scheißschule endlich hinter mich gebracht hätte. Aber es ist wohl irgendwie menschlich, dass man sich dann

FEIERN GEHÖRT DAZU
FREUND UND TRAINER MICHAEL UND ICH
FEIERN DEN GELUNGENEN LAUF BEIM MEXIKANER.

sofort auf das nächste Ziel fokussiert, sich die nächste Sorge schafft. Mit etwas Abstand ist mir klar geworden, dass ich diesen Zielmoment, diese erwartete Freude, schon viel früher gespürt habe: Es war bei Bad Godesberg, als ich kurz vor dem Campingplatz die Landesgrenze zur Pfalz überquerte. Da wusste ich zum ersten Mal: Du kannst das schaffen! Da hatte ich das einzige mal Pipi in den Augen. Dasselbe Pipi, das man auch beim ersten Marathon-Finish in den Augen hat. Da kam schon einiges zusammen. Mit dem Blick aufs Siebengebirge saß ich vor meinem Zelt auf dem Campingplatz und musste an meine Kindheit denken. Und daran, wie wir dort mit meinen Großeltern zum Drachenfels gewandert sind.

So kitschig das klingen mag, aber vielleicht war sowieso der Weg das Ziel. Aber wenn man als Läufer einem weit entfernten Ziel entgegenläuft, hat man selten die innere Ruhe, um alles genießen zu können. Man genießt zweifellos die schönen Momente, die Natur, die Gesellschaft, hat aber immer im Hinterkopf, dass man ja ankommen muss. Der Weg ist also das Ziel, aber vom Ziel aus betrachtet, ist der Weg am schönsten.

#02
SKATE OR DIE!
MEINE JUGEND AUF DEM ROLLBRETT

Klatsch! Ich lieg auf dem Boden, obwohl ich diesen verdammten Absatz im Weg doch kenne, und bevor ich in die schmale Gasse bog, dachte ich noch: »Pass bloß auf!« Jetzt liege ich doch platt auf dem Boden. Es ist stockdunkel, März, kalt. Mein Board ist irgendwo weit hinter mir gegen eine Mauer gerollt. Schmerzen! Ich muss mir mein Knie irgendwie verdreht haben. Aber meine Hände? Wie um alles in der Welt können Hände, die auf den kalten Asphalt aufgeschlagen sind, so wehtun? Sie pochen und beben und fühlen sich irgendwie taub an. Mein Helm liegt vor mir auf dem Weg und schaukelt hin und her. Ich hielt ihn eben noch in der Hand. Eine junge Frau, die auch gleich Skatekurs hat, bringt mir mein Board. Saupeinlich das Ganze. Ich versuche, den tough guy raushängen zu lassen, aber alles, was ich zustande bekomme, ist humpelnder Jammerlappen. Ich merke, wie mein Knie von innen an der Hose klebt. Mama, ich blute! Ich bedanke mich bei meiner Helferin und humpele zum Eingang der Skatehalle. So ein fuck! Da ist irgendwas mit dem Knie nicht ganz koscher. Das wird mich wieder ein – oder gar zwei – Wochen Lauftraining kosten. Na super!

Seit vergangenem Winter gehe ich jeden Montagabend zu einer Art Skatetraining für Erwachsene. Hätte man mir das als Kind prophezeit, ich hätte das nie geglaubt. Fürs Skaten braucht man doch niemanden, der einem das beibringt, hätte ich wohl gesagt. Und trotzdem gehe ich da hin, und ich mag es sehr. Viele Gleichaltrige, denen man ansieht, dass sie in ihrer Jugend wohl auch eine Zeit lang dem Rollbrett-Virus verfallen waren. Das hier ist eine riesengroße Midlife-Crisis-Party. And I love it! Ich mach das hier ja nicht, um irgendwie jünger zu wirken. Ich hatte einfach voll Bock drauf, wieder skaten zu gehen. Ich habe sowieso das Gefühl, dass ich im Kopf immer Skater geblieben und in Gedanken jedes Treppengeländer gegrindet bin.

Skateboarden war mein erster richtig krasser Virus. Das erste Hobby, die erste Passion, in die ich mich so richtig eingebuddelt hab. Mal ab und zu, das war einfach nicht genug. Das musste richtig ausgekostet werden. Dabei fing alles recht harmlos an. Das erste Skateboard in der Casa Jordan war ein gelbes Gordon-&-Smith-Fiberglas-Board,

das mein Vater in Bonn im vermutlich ersten Skateshop Deutschlands kaufte. Es war ein kleines Brett und hatte die Form und die Größe dieser Dinger, die heute gern die Bezeichnung »Cruiser« tragen und vornehmlich an gezwirbelte Hipster-Bärte verkauft werden. Es hatte sehr dicke und weiche Rollen, womit man leicht und bequem auch auf besonders rauem Asphalt skaten konnte. Es wäre gelogen, würde ich behaupten, dass damals alles so richtig bei mir anfing. Klar, ich mochte dieses Brett, und mein Bruder und ich haben viele Stunden damit verbracht, aber bis auf ein wenig Geradeausfahren habe ich es vor allem sitzend oder auf Knien genutzt. Es wurde von mir einfach zur super futuristischen Seifenkiste zweckentfremdet.

Die eigentliche Initialzündung sollte erst viele Jahre später stattfinden. Im Jahr 1986 unternahmen unsere Eltern mit meinem Bruder Hartmut und mir eine Amerikareise. Für uns Kinder war es der erste USA-Urlaub, und er sollte uns beide tief beeindrucken und unser weiteres Leben beeinflussen. Wir reisten mit dem Auto von Seattle nach San Francisco entlang des Highway 101, einer fast 2.500 Kilometer langen Straße, die von Olympia im Norden bis Los Angeles im Süden entlang der Westküste verläuft und gemeinhin als eine der Traumstraßen der USA gilt. Es war ein klassischer Roadtrip, inklusive Blick aufs Meer und Nächten in Motels, wie man sie aus Filmen kennt. Mit Highway-Restaurants, vor denen der dicke Pick-up des örtlichen Sheriffs steht und wo einen eine weiß beschürzte und Kaugummi kauende Trulla bedient, die von allen nur beim Vornamen genannt wird. In Retrospektive für mich der schönste Familienurlaub meiner Kindheit. Amerika war wie eine Traumwelt für mich. Das Essen, die Geschäfte, die Autos, einfach alles war hier eine Nummer größer und besser. Und in meinen Augen auch irgendwie cooler. Erwachsene Menschen trugen Baseballmützen und Turnschuhe, nicht Spießerhüte und weiße Socken in Sandalen. Es gab nicht nur drei Programme im Fernsehen, sondern fast 100, und einige zeigten sogar schon morgens Zeichentrickserien für Kinder. In Deutschland gab's das nur sonntags und hieß *Sendung mit der Maus*. War ja auch irgendwie toll und pädagogisch wertvoll, aber gegen *Thundercats* musste das leider abstinken. Ich war im siebten Himmel!

SKATEBOARD-LIEBE
MEINE ERSTEN METER AUF DEM BRETT.
SITZEND. VOR DEM HAUS MEINER OMA.

Ein Höhepunkt dieser Reise war San Francisco. Die steilen Straßen, die Cable Cars, der Hafen, die Brücke, die Obdachlosen, Alcatraz, die Straßenkünstler, das alles hat mein kleines Hirn mächtig beeindruckt. Während eines Shoppingtrips passierten wir im Herzen der Stadt einen Platz, an dem einige Jugendliche skateten. Wow! Mein Bruder und ich waren sofort begeistert. Unsere Eltern haben das bemerkt und erlaubten uns, an dem Skate-Platz zu warten, während sie Erledigungen machten. Ich frag mich bis heute, ob sie direkt an dem Platz in einem Laden waren, oder ob sie sich auch weiter weg entfernt haben. Ich habe auch keinerlei Ahnung, wie lange sie weg waren, keinen Plan! Helikopter-eltern aus der Jetztzeit würden wohl bei dem Gedanken, ihre Kinder in einem fremden Land in einer Großstadt für eine halbe Stunde allein zu lassen, ohnmächtig werden. Ohne Handy! War auch egal, wie lange sie genau weg waren, es war lange genug. Lange genug, um mich völlig wegzuballern. Ich war hooked! Das hier war das Beste, was ich bis zu diesem Zeitpunkt gesehen hatte. Keine Frage: Das wollte ich auch lernen. Das musste ich auch lernen. Ich wollte nichts anderes mehr machen. Ich wollte auch so cool wie diese Dudes sein. Das Mehr-Monster hatte zum ersten Mal zugebissen, meine Adern mit unstillbarer Begeisterung gefüllt. Einen Virus in meinen Organismus gepflanzt, der meinen zarten Körper von nun an besetzte. Ich will – ich muss – auf so einem Ding stehen und so lässige Tricks machen!

Ein Junge stand auf einer Hand und hielt dabei sein Skateboard fest. Ein anderer sprang von einem großen Betonblock und landete auf seinem Skateboard. Kein Mensch auf diesem Planeten konnte das, was dort passierte, nicht für die coolste Sache der Welt halten. Ich wusste damals nicht, dass ich an einem wichtigen – wenn nicht sogar an dem wichtigsten – Skatespot der Welt saß, dem EMB oder auch Justin Herman Plaza. Der Platz hat es später sogar in das berühmte Videospiel *Tony Hawk's Skateboarding* geschafft.

Da ich aber kein Skateboard hatte und am anderen Ende der Welt war, musste meine Skateboard-Karriere vorerst noch im Wartezimmer Platz nehmen. Aber ein glücklicher Zufall sollte mir bald meinen Wunsch erfüllen, schneller, als ich zu hoffen gewagt hatte.

Auf dem Reiseplan unserer USA-Reise stand nämlich auch Atlanta. Wir wollten dort den Bruder meines Vaters und seine Familie besuchen. Meine Begeisterung für die USA war vor dem Besuch bei der Verwandtschaft schon extrem hoch, doch bei Onkel und Co. wurde sie noch einmal ins Unermessliche befördert. Meine Cousins, Frank Eike und Björn, waren etwa im selben Alter wie wir. Sind sie übrigens immer noch. Und wie es der Zufall wollte, hatte die zweite große Skatewelle auch den Süden der USA erreicht und meine Cousins ergriffen. Sie hatten beide eines dieser coolen, neuen – und im Vergleich zu unserem alten Fiberglas-Board – sehr großen Skateboards. Außerdem hatten sie völlig ausgelatschte Stoffturnschuhe, Chucks, die auf mich wie Billigschuhe wirkten und in Deutschland erst viele Jahre später zur großen Mode werden sollten. Wir hatten also eine direkte Connection zu diesem neuen Sport. Und nach viel Bettelei standen wir dann plötzlich mit ihnen in einem Skateshop. Mein Vater fand wahrscheinlich die Vorstellung cool, dass wir in der Zeit bei seinem Bruder mit seinen Neffen ein gemeinsames Hobby teilten und machte mit uns eine Art Deal. Wir durften uns ein Skateboard zusammenstellen und für die Ferienzeit benutzen, mussten es aber in Deutschland wieder abgeben und bis zu unserem Geburtstag warten. Was für ein Deal! Wo muss ich unterschreiben?

Überglücklich stand ich also in diesem Skateshop, meine Augen kreisten über die vielen bunten Holzbretter an der Wand. Die Aufdrucke waren genau mein Ding! Skatende Skelette, Monster, Blut und Schleim, wie cool war das bitte? Das hier war alles so weit weg von allen Sportarten, die ich kannte. In meinem Kaff spielten alle nur Fußball, und ich konnte mit den ganzen Adidas-gestreiften Proleten herzlich wenig anfangen. Ich entschied mich für das Vision Hippie Stick. Ein Brett überzogen mit grellfarbigen Punkten. Den Bezug zu psychodelischen Drogen hab ich erst später gerafft. Dazu suchte ich mir Slime-Balls-Rollen und Gullwing-Achsen aus. Ich hielt mein erstes *Thrasher-Magazine* in der Hand, das bis auf den Umschlag auf billigstem Zeitungspapier gedruckt war. Ich studierte die Fotosequenzen und war begeistert. Sogar die Druckerschwärze hatte einen ganz eigenen Geruch, den ich bis heute nicht vergessen habe.

In den Tagen in Atlanta konnte ich also meine ersten Schritte auf dem Skateboard machen, und das schmeckte definitiv nach mehr. Sicher nicht verwunderlich, dass die Monate bis zu meinem Geburtstag eine gefühlte Ewigkeit dauerten, aber als ich dann Ende Oktober endlich mein Skateboard in Händen hielt, war ich unendlich glücklich. Ab jetzt wurde fast jede freie Minute dem Skaten gewidmet. Mein Freund Johannes wohnte am Ende einer Sackgasse, direkt neben einem Wendehammer. Nachdem ich ihn erfolgreich mit dem Virus anstecken konnte, war dieser Wendehammer unser ganz persönlicher Skateplatz. Zusätzlich nutzten wir die Einfahrt seines Elternhauses, um eigene Rampen zu bauen. Wir karrten vom Sperrmüll und aus Baucontainern Holz heran und ließen unseren spärlichen Bau-Skills freien Lauf. Mein großer Bruder Hartmut, der handwerklich wesentlich begabter war, war zum Glück auch mit von der Partie, und so hatten wir nicht nur einige Schanzen, sondern auch eine den Umständen entsprechend stattliche Quarterpipe.

Aber der Skateplatz auf dem Dorf war nicht genug, es wollte auch die große Stadt auf Rollen erkundet werden. Karlsruhe ist eigentlich alles andere als eine Weltstadt oder Metropole. Böse Zungen behaupten, es sei übelste Provinz. Aber für mich war Karlsruhe damals die größte Stadt der Welt, und in der größten Stadt der Welt musste es doch noch andere Skater geben! Da Johannes und ich täglich mit der Bahn von unserem Dorf Waldbronn-Busenbach (ich kenne alle Witze …) nach Karlsruhe in die Schule fuhren, war es für uns der ideale Spielplatz, um uns auszutoben. Schnell hatten wir raus, wo man Skater treffen konnte. Damals war alles noch sehr übersichtlich, die Szene klein. Es gab in Karlsruhe nicht mal einen richtigen Skateshop. Die einzige Möglichkeit, ein qualitativ gutes Board zu kaufen, war Rainers Bike-Shop in Knielingen. Rainer Schadowski war Deutscher BMX-Meister und hatte im Keller seines Elternhauses mit seinem Vater einen kleinen BMX-Shop eröffnet, in dem er neben Rädern auch Skateboards anbot.

Die beiden ältesten Skater Karlsruhes waren Marc Menke und Chris Eggers. Sie waren wesentlich älter als wir Kinder, fast schon Männer. Chris war auch beim Bau der allerersten Halfpipe im Landkreis involviert. Es war ein sehr einfach gebautes Halbrund in einem Schrebergarten. Später waren die beiden die treibenden Kräfte hinter der ersten richtigen

Rampe, die sie in Zusammenarbeit mit einem Sportverein zum Leben erweckten. Die Green Ramp wurde legendär, sie erlangte auch außerhalb Karlsruhes Berühmtheit und wurde zum Schauplatz einiger Contests. Ihr Freund Chicken, der noch früher auf dem Brett gestanden hatte als alle anderen, curvte dieses Riesen-Coping mit seinem Longboard wie kein Zweiter. Und dann war da noch Boris Steffen. Er war ein Naturtalent, das – als ich ihn 1986 kennenlernen durfte – noch mit Topfschnitt und Schienbeinschonern Freestyle fuhr. Diese Disziplin ist inzwischen praktisch ausgestorben, war aber vielleicht immer die technischste Disziplin und hat das heutige Streetskaten maßgeblich geprägt. Boris wechselte dann bald wieder zurück zu Street und war Inspiration und Vorbild für viele Skater der Stadt. Einen Skater wie Boris gibt es vermutlich in vielen Städten. Zumindest hat man Glück, wenn man so einen in seiner Stadt hat. Ein Naturtalent, nebenbei auch noch der netteste Mensch der Welt, den man einfach lieb haben muss. Viel besser als diese Typen, die alles können und Arschlöcher sind. Die gibts nämlich an jeder Straßenecke. Zudem hatte Boris seinen völlig eigenen Style. Der Style eines Skaters ist so einzigartig wie ein Fingerabdruck, und Boris konnte mit seitlich raushängender Zunge und weit nach vorn ausholenden Armen komischerweise noch stylisher aussehen als die meisten anderen.

Der erste Treffpunkt der Skateszene war das Karlsruher Schloss. Dasselbe Schloss, das später als Kulisse für meinen Zieleinlauf dienen musste. Hier traf man an Wochenenden fast immer auch Karl. Von den meisten nur Kalle genannt, schien er direkt einem Hippie-Comic entsprungen. Er war sicher oberhalb der 50 und fuhr mit seinem Slalomboard immer seine Runden ums Schloss und durch die Spaziergänger. Dabei traf man ihn nie ohne kleines Radio an, das er in der Hand hielt, und aus dem laute Musik dröhnte. Seine große verspiegelte Sonnenbrille und die knallrote Baseballmütze rundeten die optische Freakigkeit ab. Alter Schwede, dieser Typ war seiner Zeit voraus. Ein Hipster, bevor es Hipster gab. Wobei: Waren die je hip?

Zum Schloss zog es mich in jeder freien Minute. Mit den Jahren entdeckten wir die Amisiedlung, in der US-amerikanische Soldaten mit ihren Familien wohnten. Natürlich gab es auch da skatende Kinder, und wir freundeten uns mit ihnen an.

Auch wenn ich die USA heute differenzierter betrachte: Damals war ich USA-Fan der Superlative, und diese Siedlung versprühte mit ihren eigenen Läden und Sportanlagen den Charme einer amerikanischen Kleinstadt. Nicht verwunderlich also, dass ich fortan regelmäßig auf dem Schulhof der Highschool skatete, ich fühlte mich wie der Star in einem Skatevideo. Diese Skatevideos hatten sowieso eine magische Wirkung auf mich. Im Gegensatz zum Fußball bekam man nämlich damals von diesem Sport in den Medien so gut wie nichts mit. Es gab auch keinerlei Contests (so nennt man Skateveranstaltungen), die im TV übertragen wurden. Aber schon recht bald nach meinem Skate-einstieg brachte mein Vater eine Videokassette mit, die *The Bones Brigade Video Show* hieß. Jeder Sport braucht Helden. Egal, wie spaßig etwas ist, wenn man Ikonen hat, zu denen man aufschauen kann und die einem zeigen, was alles möglich ist, wird es erst richtig interessant. Ich konnte diesen Film irgendwann auswendig. Wenn ich skatete, hörte ich in meinem Kopf die Musik des Films. Ich wollte auch so cool sein wie Lance Mountain und so krasse Airs machen wie Tony Hawk.

Richtig umgehauen hat mich aber einige Jahre später erst der Film *Public Domain*. Es gab dort eine Sequenz, in der unter anderem Ray Barbee und Chet Thomas zusammen die Straßen unsicher machten. Die Musik war nicht nur unglaublich cool, nein, die machten auf einmal völlig neue Sachen mit ihren Brettern. Ich war begeistert und frustriert zugleich. Es gab so viel zu lernen. So viele No-Complys, die ich mir in vielen Stunden und unter starken Schienbeinschmerzen aneignete. Es muss auch das erste Mal gewesen sein, dass ich einen Railslide sah. Auf einem Board ein Treppengeländer runtersliden? Wie geil ist das denn bitte? Zur damaligen Zeit wurde das meist noch mit einem Caveman gemacht, das heißt, man nahm das Board in die Hand und sprang dann mit dem Board auf das Treppengeländer drauf. Heute springt man direkt mit einem Ollie auf die Rail. Dieser Trick war next level. Alle anderen Tricks konnte man üben. Und ja, auch da konnte man richtig schön auf die Fresse fallen, aber das hier war so ein Make-it-or-break-it-Ding. Die erste Bedingung: Man musste Eier groß wie Fußbälle haben, um überhaupt mit Board auf ein Geländer zu springen. War man erst einmal drauf, ging es nämlich recht zügig abwärts, und die Chance, dass man mit dem Rücken oder dem Steiß auf das kalte Metall des Geländers stürzte, war extrem hoch. Viele redeten über diesen Trick. Ich hatte leider nie jemanden live erlebt, der ihn machte. Ich hörte zwar irgendwann, dass ein Junge aus der Amisiedlung ihn gestanden hatte und dass auch Boris ihn konnte, hatte so was aber nie miterlebt, was das Ganze noch spannender und auf eine gewisse Art und Weise auch mysteriöser machte.

Ich weiß nicht, wie oft ich mit meinem Board in der linken Hand auf ein Geländer zulief und mir dann doch der Kackstift ging. Wie oft ich mein Board mit den Händen das Geländer entlang bewegte, rutschen und dann wie von Engelshand landen ließ. Mir abends im Bett vorstellte, wie ich ihn stehen würde. Im Nachhinein kommt es mir so vor, als hätte ich diesen Trick jahrelang vor mir hergeschoben. Aber eines Tages wollte ich es dann doch wissen. Ich skatete in meinem Kaff vor dem Rathaus und sah das Geländer am Eingang. Es war sehr kurz. Eigentlich perfekt für den Einstieg! Nach einigem Hin und Her und etlichen Halbversuchen machte ich dann endlich diesen Schritt. Ich sprang ab, ich traute mich. Ich landete auf meinem Brett, und das rutsche so unerwartet geschmeidig nach unten, dass ich mit meinem Steiß den Rand der Rail küsste. Autsch, aber wow! Jeder Skater kennt diesen Moment. Ja, der Schmerz ist da, aber wesentlich präsenter ist dieses Gefühl. Ein Gefühl, das einem vermittelt: »Du kannst das schaffen!«. Wenn das Adrenalin ausgeschüttet wird, da man den Trick schon fühlen kann. Das walzt über das Schmerzgefühl hinweg. Wenn man das spürt, kann man sich in direkter Folge gut und gern 100-mal aufs Maul legen, man wird sofort wieder aufstehen, sein Brett schnappen und es erneut versuchen. Genau das tat ich auch. Anlauf, Absprung, mit dem Board auf der Rail, rutsch, flutsch, viertel Drehung … und ich stand. Mit meinen Füßen auf dem Board rollte ich weiter. Mein Freund Johannes, der bei mir war, aber schon lang nicht mehr skatete, flippte völlig aus. Ich konnte es erst selbst nicht glauben. Das war next level! Egal, wie viele Leute auf der Welt das konnten, diese Gruppe war ein kleiner Bruchteil der Skate-Gemeinde. Und sowieso: Hierbei ging es nicht um einen Vergleich.

GOT IT, BABY!
NACH EWIGEM HADERN HABE ICH ENDLICH
DEN BOARDSLIDE GESTANDEN.

Hierbei ging es um den ultimativen Sieg, den inneren Schweinehund überwunden zu haben. Oder besser: den inneren Schisshasen!

Johannes rannte nach Hause und kam mit Stativ und Fotoapparat zurück. Ich stand den Trick an diesem Tag noch unzählige Male, und Johannes schoss mehrere Sequenzen. Er verzog sich noch am selben Abend in den Keller seines Hauses und entwickelte im eigenen Fotolabor die Bilder meines bisher größten sportlichen Erfolges. Im Nachhinein bin ich ihm so dankbar, dass er diesen kleinen Höhepunkt meiner Skaterjugend für ewig festgehalten hat. A small step for mankind, but a huge step for this little skater boy.

Wenn ich an meine Skaterzeit zurückdenke, denke ich an viele Höhepunkte, unzählige Bilder entstehen in meinem Kopf. Die vielen Tage mit meinem US-philippinischen Freund Tye, die Sessions auf dem Parkplatz mit den Jungs auf dem Dorf, die vielen Stürze, die ihre Spuren bis heute sichtbar auf meinem Körper hinterlassen haben, die Nachmittage vor dem Schloss, die befreundeten BMX-Fahrer – und trotzdem wird dieser Moment da auf den Treppen des Busenbacher Rathauses mein größter Skatemoment bleiben. Und das, obwohl ich nur wenige Tage später das längere Treppengeländer vor dem Supermarkt ebenfalls erfolgreich slidete.

Und heute? Seitdem ich wieder skate, werde ich immer ängstlicher. Ich bin ein alter Mann geworden, dem der Schisshase konstant im Nacken sitzt und der ihm ins Ohr flüstert: »Hey, pass auf! Wenn du dich jetzt auf die Fresse legst, kannst du möglicherweise wochenlang nicht laufen. Dann fängst du an, aus Frust zu fressen und wirst noch fetter!« Das Schlimme: Diese Stimme hat ja auch irgendwie recht. Der Kampf in meinem Kopf ist der anstrengendste überhaupt. Aber wenn ich es mal schaffe, die Angstschwelle zu überwinden und etwas stehe, was ich vorher noch nie gestanden habe, schlägt der Frust in absolute Euphorie um. Dann durchflutet Adrenalin meinen Körper, und ich fühle mich wie damals. Glücklich und für einen kurzen Moment losgelöst von allen Sorgen dieser Welt. Und egal, wie oft ich noch hinfalle: Ich werde auch weiterhin zur großen Midlife-Crisis-Party gehen. Jeden Montag um 19:15 Uhr. Diese kurzen Momente der Euphorie, so kurz und selten sie auch sind, sind es allemal wert.

#O3

ES GEHT LOS!

MEIN LAUF VON UTRECHT NACH KARLSRUHE

Wir schreiben den 07. Juli 2017, es ist 6 Uhr in der Früh, aber schon jetzt ist es ekelhaft schwül. Puh, jetzt gehts dann wohl echt los. Was habe ich mir da bloß eingebrockt? War ich nicht gerade eben noch die Couch-Potato, die schon einen Kilometer Laufen als Nahtoderfahrung erlebte? Hatte ich nicht schon akzeptiert, dass das mit mir und dem Sport nichts mehr werden würde? Eigentlich, also irgendwie, steht mir die Wampe doch ganz gut! Und jetzt soll ich mit einem Ziehwagen um die Hüfte, der locker 30 Kilo auf die Waage bringt, jeden Tag irgendwas zwischen 50 und 60 Kilometer laufen? Bei der Affenhitze? Was habe ich mir denn da bitte eingebrockt? Was erlaube Strunz?! Außerdem hatte ich die vergangenen Tage eine leichte Sommergrippe – oder einen schweren Fall von Kackstifteritis, da kann man sich als Läufer vor großen Rennen ja nie so ganz sicher sein. Ich bin mir gerade nicht mal sicher, ob ich mich überhaupt Läufer nennen darf. Meine Marathonbestzeit von 3:52 Stunden haut niemanden vom Hocker, und wenn ich erzähle, dass ich Marathon und Ultras laufe, dann mustert mich mein Gegenüber meist erst mal kritisch – vor allem meinen Hüftbereich –, und nach dem optischen Check ist der Betrachter eher skeptischer als zuvor. Vielleicht bin ich ja durchaus in der Lage, zwei oder drei Tage hintereinander diese Distanzen zu laufen, aber 14 Tage oder mehr? Hab ich mal meine Beine gefragt, was die von meinem ach so tollen Plan halten? Die scheuche ich nämlich erst ungefähr vier Jahre durch die Gegend, davor durften die sich schonen. Und zwar auf der Couch vor dem TV. Einzige Belastung für sie war das Balancieren einer Schüssel Chips im Schoßbereich. Vielleicht gehörte diese Schonung aber auch schon zur Vorbereitung der kommenden Wochen. Ich bin auf Nummer sicher gegangen. »Better safe than sorry«, wie man in Amerika zu sagen pflegt.

Eigentlich wollte ich ja in der Wüste laufen. Mit Rafael Fuchsgruber. Er ist einer der besten Wüstenläufer Deutschlands, wenn nicht sogar der beste. Ich hatte ihn zu Gast in unserem Podcast FatBoysRun und fragte ihn, ob er mich nicht in einer Art Podcast-Serie begleiten möchte, in der wir meinen Weg in die Wüste beschreiben. Er fand die Idee super, und so entstand der Little Desert Runners Club, der inzwischen weit mehr ist als nur eine Podcast-Randnotiz – er ist Rafaels Baby. Mit seinem Klub begleitet Rafael Wüstenlauf-Neulinge auf ihren ersten Wüstenrennen und unterstützt sie mit Rat und Tat. Nachdem wir den Plan geschmiedet hatten, durchlebte ich einige Monate später eine heftige Lebenskrise, und wenn man psychisch nicht hundertprozentig auf dem Dampfer ist, sollte man sich vielleicht nicht gerade in die Wüste begeben, um dort täglich allein in der Sonne zu laufen. Ich blies die Sache ab und war sehr happy, dass Rafael vollstes Verständnis hatte.

Aber nachdem ich langsam wieder der alte Philipp wurde, war da doch auf einmal eine Leere: Wo zuvor mein großes Wüstenabenteuer am Firmament stand, war plötzlich nichts mehr, also musste eine neue Herausforderung her. Steffen Neupert vom nobs-blog erzählte mir mal beiläufig von einem Plan: Er wollte von seiner neuen Heimat in seine alte Heimat laufen, »Home to Home« sollte das Ganze heißen. Eines Abends, ich saß mit meiner Frau im Wohnzimmer und schaute fern, schlug es ein wie ein Blitz. Ich pausierte die Sendung und sagte: »Hey, ich werde dieses Jahr von hier nach Karlsruhe laufen!« Mit »von hier« meinte ich Utrecht, Holland. Und dann schlug der zweite Blitz ein. »Ich mach das mit so einem Ziehwagen, wie der bekannte Ultraläufer Robert Wimmer!« Wimmer hatte ich kurz zuvor im Cast zu Gast, er war mit so einem Ziehwagen laufend unterwegs. In das Ding sollen alle meine Klamotten rein, das Zelt, der Schlafsack und was ich sonst noch so brauchen würde. Meine Frau schien noch nicht mal sonderlich überrascht zu sein, sie urteilte auch nicht über mein Vorhaben. Sie hatte von mir schon so viele dümmere Ideen gehört. Da ist sie wohl abgehärtet, vielleicht sogar schon abgestumpft. Und dann schlug der Blitz zum dritten Mal ein: »Ich werde mit dem Lauf Geld für einen guten Zweck sammeln!«

Mein Sohn Sam hat Kinderrheuma. Nur wenige Tage vor der Geburt unseres dritten Kindes erreichte uns die Diagnose. Er war damals zwei Jahre alt. Rheuma? Haben das nicht nur alte Menschen? Ist das heilbar? Kann er trotzdem beschwerdefrei leben? Es waren viele Fragen, die in uns jungen Eltern hochkamen. Viele Emotionen, die einen ergreifen, wenn man sein kaum zwei Jahre altes Kind humpeln sieht. Ich fühlte mich völlig hilflos. Was würde das für sein Leben bedeuten? Warum ausgerechnet er? Es war ein seltsamer Cocktail aus Verzweiflung, Wut, Angst und Zweckoptimismus.

ESSEN WIE GOTT IN HOLLAND
OB DAS CROISSANT GENUG ENERGIE FÜR 700 GELAUFENE KILOMETER BEREITSTELLT?

ULTRAS UNTER SICH
RAFAEL FUCHSGRUBER, HELFER UND MOTIVATOR AUF DER ERSTEN ETAPPE.

Wir hatten allerdings Glück im Unglück, denn in Utrecht ist das Wilhelmina-Kinderkrankenhaus, das eine der weltweit führenden Kinderrheumaabteilungen bietet. Wir hatten mit Bas Fastert einen hervorragenden, vertrauenswürdigen und sympathischen Arzt. Unfreiwillig und schnell wird man zum Experten, was die Krankheit angeht. Das einzig wirklich hilfreiche Mittel gegen die Kinderrheumaform meines Sohnes ist Metrotrexat, ein chemotherapeutisches Medikament, das wir unserem Sohn von nun an wöchentlich spritzen mussten. Die Nebenwirkungen sind meist Übelkeit und Appetitlosigkeit. Auch wenn Sam kaum unter den Nebenwirkungen litt, wir wollten natürlich am liebsten so schnell wie möglich weg von so einem chemischen Hammer. Inzwischen bekommt er das Medikament in Tablettenform. Da die Tabletten gelb sind, essen einige Patienten ihr Leben lang keine gelben Lebensmittel wie Bananen oder Zitronen mehr. Zum Glück waren die Nebenwirkungen bei ihm bislang nie so gravierend. Es gibt Anzeichen, dass hoch dosiertes Vitamin D gegen Rheuma hilft. Bas Fastert wollte eine klinische Studie in die Wege leiten und suchte noch Spendengelder. Hier schloss sich der Kreis! Ich sammele einfach Geld ein für diese Studie! Auch wenn Sam selbst aus unterschiedlichen Gründen nicht infrage kommt, an der Studie teilzunehmen, so könnten zumindest andere Kinder eventuell eines Tages mit Vitaminen statt mit Pharmakeulen behandelt werden. Ich richtete umgehend eine Spendenseite ein. Doch jetzt befand ich mich in einer Zwickmühle: Einerseits musste ich so viel Werbung wie möglich für die Aktion machen, um Geld für die Studie aufzutun, andererseits wollte ich am liebsten niemandem von meinem Laufabenteuer erzählen. Die Chance, nach vier Tagen aufgeben zu müssen, war einfach extrem hoch. Ich hatte tierisch Schiss vor einer schmerzhaften Niederlage. Doch die Aussicht auf eine drohende Schmach musste der Aussicht auf Spendengelder weichen, und so nutzte ich alle meine Social-Media-Rohre und feuerte mit voller Kraft. Auch alles, was ich an medialen Connections hatte, wurde angezapft.

Jetzt stehe ich hier. Und nun ist er da, der Tag. Ich hatte oft versucht, mir auszumalen, wie das wohl sein würde, wenn ich endlich zu meinem Abenteuer aufbrechen würde. Immer wieder hatte ich in den Tagen und Wochen zuvor meine riesige

Tasche gepackt, wieder ausgepackt, umdisponiert, gezweifelt, neu ar-
rangiert, habe in letzter Sekunde doch noch mal leichtere Getränke-
becher gekauft – und alles wieder von vorn begonnen. Aber jetzt bin
ich mir ziemlich sicher, dass ich für alles gerüstet bin. Meine Kinder
schlafen noch. Ich stehe vor unserer Haustür in Utrecht. Rafael und ich
warten noch auf Bas Fastert aka Doktor Bas, der uns die ersten paar Kilometer begleiten möchte. Der Mann ist eigentlich kein Läufer, lief aber
bei einem Benefizlauf die zehn Kilometer in 37 Minuten. Alle Achtung!
Und dann ist er da. Wir machen noch ein paar Aufnahmen. Ich ver-
abschiede mich von meiner Frau, die ich für mindestens zwei Wochen
nicht sehen werde. Wir laufen los. Da ist er, der große Moment.

    Ich bringe den Ziehwagen ins Rollen. Die Stadt schläft noch. Al-
les ist ruhig. Kaum Fahrräder auf den Straßen. Stille. In meinem Kopf:
das genaue Gegenteil. O mein Gott! Das hier soll jetzt die kommenden Wochen dein Normalzustand sein? Bei der Affenhitze? Und dann
noch mit dieser Spartakus-Kutsche für Arme im Schlepptau? Wir laufen
durch Parks und mir bekannte Straßen. Läufer kennen ihre Umgebung
besser als viele ihrer Mitmenschen. Man will sich sein tägliches Hobby
ja abwechslungsreich gestalten. Im Umkreis von 20 Kilometern habe ich
jede Straße und jeden Feldweg mit Schweißtropfen verziert. Wir erreichen die Stadtgrenze, und Bas verabschiedet sich von uns. Er hat hier
sein Auto geparkt und muss jetzt direkt weiter ins Krankenhaus. Rafael
und ich laufen weiter. Wir haben zwar schon viele Stunden gemeinsam
gepodcastet, aber so ganz in echt haben wir uns erst gestern Abend kennengelernt. Es ist schon eine verdammte Ehre, einen Vollprofi des Ultra-
laufens an seiner Seite zu haben. Es klickt schnell, und wir unterhalten
uns nicht mehr nur über die Lauferei, sondern auch über persönliche
Dinge. Ich mag das. Ich bin kein guter Small Talker, aber wenn man mir
erlaubt, eine gewisse Nähe entstehen zu lassen, unterhalte ich mich sehr
gern. Und viel. Rafael scheint aus demselben Holz geschnitzt zu sein,
und somit bin ich auf den ersten Kilometern bestens abgelenkt. Ab und
zu hole ich die Karten-App aus meiner Laufweste und checke, ob wir
noch auf dem richtigen Weg laufen. Zum Glück ist Holland wunderbar
ausgebaut, was Fahrradwege betrifft, und so muss ich mit meinem Ziehwagen so gut wie nie auf Bürgersteige ausweichen. Die beschissene Son-

ne knallt schon jetzt, um 7 Uhr früh, so unglaublich krass, dass ich mir langsam echt Sorgen mache: Wie wird sich das heute noch entwickeln? Was mich noch mehr als die Hitze stört, ist diese ekelhafte Schwüle. Würde da jetzt irgendein Typ in Badeschläppchen mit einem Handtuch bewaffnet um die Ecke biegen, um zu verkünden, er habe uns heute als Aufguss-Beimischung Minze-Lavendel mitgebracht, weil das ja so entspannend ist – ich würde mich noch nicht mal wundern. Aber hilft ja alles nichts, ich habe mir das ja selber so ausgesucht! Und Rafael läuft ja quasi eh immer in der Sauna, der alte Wüstenexperte.

Wir laufen knapp zehn Kilometer entlang einer kleinen Gracht an einer Straße, die sich schnurgerade durch unberührte Natur, Wohngebiete und kleine Dörfer zieht. Nach knapp 20 Kilometern beschließen wir, dass es Frühstückszeit ist. Rafael braucht seinen Kaffee, und ich freue mich über etwas zu beißen. In einer Mischung aus Postfiliale, Bäckerei und Kiosk versorgen wir uns mit Croissants, Kaffee und Orangensaft und setzen uns an einen der zwei Tische vor der Tür. Wir blicken auf eine kleine Brücke, und im Schatten der Bäume wirkt das Ganze wie die Kulisse eines übertrieben auf Idylle gebürsteten Werbespots. Morgens halb zehn in Holland, oder so. Ich lebe jetzt seit über 15 Jahren im Herzen Hollands, und noch immer gerate ich ob der schönen Architektur und Natur in Verzückung. Es fühlt sich an wie ein etwas aus dem Ruder gelaufener Langzeiturlaub. Bis heute habe ich mir den kleinen Touristen in mir bewahrt. Er lässt mich noch immer neugierig alle Informationen aufsaugen, die mir mehr über Mitmenschen und meine Umwelt preisgeben.

Aber jetzt müssen wir weiter. Mit einem lauten Klicken schließe ich den Hüftgurt, der mich mit dem Wagen verbindet. Das Pferdchen ist gesattelt. Die ersten Meter nach einer Verschnaufpause sind immer die schwersten. Es geht weiter, immer geradeaus. »Immer geradeaus« ist übrigens auch ein Running Gag unter Holländern, da sie es als Standardantwort benutzen, wenn sie von Deutschen nach dem Weg gefragt werden. Man sollte das nicht als Deutschenhass interpretieren, vielmehr ist es das Piesacken des großen Bruders. Mein Heimatbundesland Baden-Württemberg ist größer als die Niederlande, da muss Deutschland wie eine Großmacht wirken.

ES GEHT LOS!

Es wird heißer. Und schwüler. Tropische Hitze. Ich schwitze wie ein Schwein. Schwitzen Schweine überhaupt, oder ist es nicht so, dass sie sich im Dreck suhlen, weil sie eben nicht schwitzen können? Egal, ich sehe auf jeden Fall aus wie ein Schwein, das schwitzen kann. Der Schirm meiner Laufmütze ist durchtränkt. Alle paar Sekunden tropft ein dicker Schweißtropfen herab. Ich schäme mich ein bisschen, dass ich hier gerade so am Schmelzen bin und frage mich, ob Rafael das mitkriegt. Ich brauche schon wieder eine kurze Gehpause und entschuldige mich dafür. Rafael liest mir die Leviten. Ich soll mich bloß nicht entschuldigen. Was ich vorhabe, sei extrem hart, und da sei es völlig normal, dass man ab und zu ein paar Meter gehen muss. Ach, er ist einfach ein Guter, der Rafael. Das macht alles wieder ein wenig entspannter. Nicht unbedingt einfacher, aber eben ohne unnötiges Kopfkino.

Eine Frau spricht mich von ihrem Fahrrad aus an. »Kaum auszuhalten bei der Hitze, oder?« Du hast gut lachen, denke ich, du sitzt und bekommst Fahrtwind ins Gesicht geblasen und hast nicht dieses bescheuerte Ding am Arsch, das du ziehen musst. Aber ich grinse so freundlich zurück, wie es mir meine leidgeplagte Visage erlaubt. Wir erreichen zum ersten Mal den Neder Rijn, einen Ausläufer des Rheins. Hier müssen wir mit einem kleinen Fährboot übersetzen. Es gibt sie an vielen Orten in Holland, diese kleinen Boote, auf denen vielleicht drei Autos und ein paar Fahrräder und Fußgänger Platz haben, und die einen für 50 Cent oder 1 € ans andere Ufer bringen. Für mich eine willkommene Verschnaufpause. Auf der anderen Seite geht es auf einem Deich weiter. Es ist inzwischen früher Mittag, und wir haben Durst. Ja, klar, ich habe Wasser in meiner Kutsche, aber das ist pipiwarm, und ich habe einfach unglaublichen Bock auf eine eiskalte Cola. Dann befinden wir uns auf einmal in einer Kulisse eines David-Lynch-Films. Mitten auf einer großen Plantage steht ein kleines Haus mit Tischen und Bänken davor. Daneben eine große Hüpfburg in Form einer Erdbeere. Aus deren Innerem ertönen so laut holländische Schlager, dass es den gesamten Ort beschallt. Der Generator der Hüpfburg rattert vor sich hin. Es handelt sich um ein kleines Café. Alle Tische, bis auf einen, sind noch frei.

BITTE LÄCHELN!
ZEIT FÜR SELFIES SOLLTE MAN SICH IMMER NEHMEN.

FIETSPAD
HOLLANDS RADWEGENETZ EIGNET SICH PRIMA, UM LANGE DISTANZEN ZU LAUFEN.

Dort sitzt ein älteres Pärchen. Wir bestellen. Ich bestelle so viele dieser lächerlich kleinen Colaflaschen, dass die Bedienung zweimal nachfragt, ob die auch wirklich alle für mich sind. Rafael trinkt Kaffee. Ich nutze die Wartezeit, um mich auf dem Rasen vor dem Café zu dehnen. Ich bin nämlich stocksteif. Also nicht nur jetzt gerade, sondern generell, und da ist nicht mal ein schmutziges Wortspiel versteckt. Ich bin ja schon froh, wenn ich es ohne Genickbruch hinkriege, mich am Knie zu kratzen. Und ich habe so stark verkürzte Hamstrings, dass ich ohne regelmäßiges Dehnen – rucki, zucki – einen Hexenschuss bekomme. Unsere Getränke kommen, und ich sauge meine Amibrause in Windeseile weg. Es ist eine Wohltat. Endlich rinnt da etwas Kaltes meine Kehle hinunter! Inzwischen ist es beinahe Mittag, die Hitze wird immer unerträglicher.

Rafael erzählt mir, dass es in der Wüste oft angenehmer sei, da es nie so schwül ist. Wir zahlen und ziehen weiter. Wir laufen eine gefühlte Ewigkeit am Niederrhein entlang. Hier ein Schrottplatz, da eine kleine Fabrik, ein Stück weiter irgendein Hundezüchter – oder halt jemand, der sich den gesamten Garten mit Hunden zuparkt. So majestätisch es auf dem Deich auch ist, thronend über allem – das Leben hier scheint trist zu sein. Man hat ja wegen des doofen Deichs hier nicht mal Wasserblick, selbst wenn man Luftlinie 50 Meter neben dem Fluss lebt. Ich fange an zu rechnen. Wir haben 35 Kilometer auf dem Tacho und müssen noch 17 runterreißen. Rafael korrigiert mich, als ich vorrechne, wir hätten bereits zwei Drittel gemeistert. Ich weiß, dass er recht hat. Ein Marathon fängt ja bekanntlich auch erst irgendwann bei Kilometer 35 an. Wir haben unterwegs ein Hotel in Wageningen gebucht und sind sehr erleichtert, als wir endlich die lange Straße vor uns sehen, die in die Ortschaft führt. Ich freue mich schon auf kalte Getränke und warmes Essen. Wageningen scheint die gesamte Erde und mindestens noch ein paar andere Planeten mit Obst zu versorgen. Die Hauptstraße, die in den Ort führt, ist links wie rechts gesäumt von Obstplantagen. Viele kleine Buden oder Stände, die direkt am Ortseingang liegen, richten sich an das reisende Volk, das sich dort mit Obst und Saft eindecken kann. Rafael und ich haben allerdings keinen Bock auf Saft, sondern sind uns sicher, dass wir ja irgendwann an einer Tankstelle vorbeikommen müssen, wie sie fast an jedem Ortseingang zu finden ist. Jetzt haben wir beide unglaublichen Bock auf eine kalte Cola aus dem Kühlregal. Nichts anderes kann uns jetzt glücklich machen. Nach etwas über 50 Kilometern können die Wünsche schon mal etwas spezieller sein. Meine Beine lassen mich spüren, dass sie langsam genug haben von der Lauferei. Wir beschließen, den Rest gehend zu absolvieren. Da, endlich, eine Tankstelle am Horizont! Die Vorfreude steigt, aber es ist noch ein ordentliches Stück. Rafael erzählt mir, wie er einst bei einem Wüstenlauf auf das vermeintliche Ziel zulief, nur um bei Ankunft festzustellen, dass es ein zusätzlicher vom Sponsor aufgestellter Torbogen war – es lagen noch fünf Kilometer vor ihm. Egal, wie fit und motiviert man ist, so was kann einen komplett einstürzen lassen. Auch wir bekommen unseren Torbogen, wir hatten es wohl geahnt: Wir erreichen endlich diese Tankstelle, die sich als so ein Self-Service-Teil entpuppt. Kein Ladengeschäft, kein Kühlschrank, keine Cola. Frust! Ich checke meine Karten-App, hilft nichts: Auch dieses verdammte Hotel will einfach nicht näher kommen. Rafael versucht, die Moral wieder herzustellen, und spendiert uns eine Literflasche Saft, die er bei einer der Obstplantagen ersteht. Uns ist egal, was für ein Saft es ist, Hauptsache, er ist kalt. Es wird Birnensaft, denn es liegt noch genau eine Flasche eiskalter Birnensaft im Kühlschrank des Hofladens. In Teamarbeit vernichten wir das Teil in wenigen Minuten – weiter gehts.

Endlich erreichen wir das Hotel und beziehen unsere Zimmer. Rafael rät mir dazu, mir eine eiserne Routine anzugewöhnen, und genau das setze ich jetzt um. Zuerst gehts mit meinen Laufklamotten unter die Dusche. Ich habe zwar Ersatzkleidung dabei, habe mir aber vorgenommen, die nur in Notfällen zu nutzen. Es ist herrlich, das kalte Wasser auf der Haut zu spüren. Normalerweise bin ich ja eher der Heiße-Wannen-Fan, die nächste Evolutionsstufe des Warmduschers, gerade nach langen Läufen, aber von »heiß« habe ich nach dem heutigen Tag erst mal genug. Ich hänge meine Kleidung auf. Irgendwie bin ich wieder genauso aufgeregt wie beim Start am Morgen. Ich rede mir ein, dass mich jede Nachlässigkeit in den nächsten Wochen teuer zu stehen kommen könnte. Brav nehme ich eine Magnesiumtablette, die

Flasche Cola, die ich im Laden gekauft habe, der gegenüber des Hotels liegt, exe ich fast in einem Zug. Ich dehne mich, creme mich ein und schlüpfe in meine komfortable Jogginghose und mein einziges normales T-Shirt. Wow, ich habe meine erste Etappe hinter mir. Schaffe ich das noch 13 weitere Male? Das Einzige, was für heute noch ansteht, ist Essen und Regenerieren. Ich hoffe, früh in den Schlaf zu finden. Seltsamerweise kann ich nach großen Läufen – und insbesondere nach langen Läufen – vor lauter Aufregung oder Freude, dass ich es geschafft habe, meist kaum schlafen. Rafael und ich machen uns auf die Suche nach einem guten Restaurant. Die Wahl fällt auf einen Italiener. Wir sitzen an einem kleinen Tisch vor dem Restaurant und lassen uns unsere Pasta schmecken. Wir reden über die heutige Etappe und wagen einen Ausblick auf morgen. Rafael wird mich bis zur holländisch-deutschen Grenze begleiten und dann wieder seines Weges ziehen. Er gibt mir noch den Tipp, eine Art Tagebuch zu führen. Notfalls ein paar Voice-Memos einzusprechen. Das sei Gold wert, falls ich mal ein Buch schreiben wolle. »Niemand hat die Absicht, ein Buch zu schreiben«, denke ich. Aber man weiß ja nie. Heimlich – ganz heimlich – habe ich vielleicht doch schon mal mit dem Gedanken gespielt.

Nach dem Essen spazieren wir noch kurz durch den Ort und gehen dann ins Hotel. Wir unterhalten uns noch von Fenster zu Fenster. Unsere Zimmer liegen direkt nebeneinander. Wie zwei alte Knastis. Ich lege mich früh ins Bett und schlafe dann doch recht schnell ein. Gut so, denn morgen gehts in aller Herrgottsfrühe weiter.

#04

WRITING MY NAME IN GRAFFITI ON THE WALL

LAUSBUBENGESCHICHTE AUS DEM GLEISBETT

Im Sommer 1989 stieg ich am Hauptbahnhof in Karlsruhe in einen Zug Richtung Münster. Zusammen mit meinem Bruder fuhr ich zum Titus Skate Camp. Skate or die! Doch nicht das Camp, sondern die Zugfahrt wurde zu einem der prägendsten Erlebnisse meines Lebens. Ich mag das Zugfahren. Mochte ich schon immer. Wenn wir mit der Schule einen Ausflugstag hatten und mit dem Zug in eine andere Stadt fuhren, war allein die Zugfahrt für mich ein kleines Highlight. Da kam es zu bizarren Fressorgien, alle Kinder hatten an Ausflugstagen Rucksäcke voller Süßkram und Chips am Start. Das war das eine. Aber da war noch etwas anderes. Diese Bahnanlagen versprühten ihren ganz eigenen Charme. Der grobe Kies, das rostbraune Metall, die Gleisanlagen, die Stellhäuschen, der starke Geruch des Imprägniermittels des Gleisholzes, das undurchdringbare Gestrüpp am Wegesrand, all das war eine Symphonie für die Sinne. Das alles roch nach großer, weiter Welt. Man fährt los oder ist auf dem Heimweg, beides ist auf seine eigene Art spannend. Auch an diesem Sommertag auf dem Weg nach Münster genoss ich mit meinem Bruder die Aussicht. Früher konnte man die Fenster eines Zuges noch nach unten schieben und seinen Kopf aus dem Fenster hängen. Ich weiß nicht der wievielte zermatschte Kopf an irgendeinem Pfahl die Bahndesigner dazu bewegte, diese Option zu streichen und diese lahmen Klappfenster zu entwickeln, aber ich hatte noch das Glück, den Fahrtwind in meinem Gesicht zu spüren und den Gefahrenkitzel zu genießen, wenn mal wieder ein Ast verdammt nah am Fenster vorbeirauschte.

An diesem Tag kam allerdings etwas Neues hinzu. Als wir durch Heidelberg fuhren, sahen wir überall diese gesprühten Namen an den Wänden entlang der Gleise. »Semes«, »Setes«, »Kane« und andere buhlten um die Aufmerksamkeit der Bahnfahrer. Kaum eine Brücke oder ein Gleishäuschen, das nicht verziert war. Und da war nicht einfach nur ein Name simpel und gut lesbar auf eine Wand gemalt, nein, das Ganze hatte Funk und Style. Manche Buchstaben wirkten wie chinesische Schriftzeichen, andere butterweich und rundlich wie ein Luftballon, und wieder andere, als wären sie aus schwerem Beton gemeißelt. Mein Hirn explodierte. Ich zeichnete schon immer. Ich liebte das Zeichnen und Malen. Ich verkaufte selbst gezeichnete Comics, die mein Vater für mich im Büro kopierte, an meine Klassenkameraden. Ich malte sogar schon sehr früh Stillleben, denn ich dachte, so was gehört sich für einen Künstler, aber das hier … das kombinierte die Kunst, die ich so sehr liebte, mit Coolness und Abenteuer.

Ich entdeckte gesprühte Figuren, die Sprühdosen in der Hand hielten und wie Rapper gekleidet waren. Ich hing an der Fensterscheibe unseres Zugabteiles, bis meine Stirn kalt und platt war. Auf gar keinen Fall wollte ich irgendetwas verpassen. Mein Bruder schien ähnlich begeistert, wir waren euphorisch wie Kinder bei der Ostereiersuche. Wir überwachten immer auch mit einem Auge die andere Seite des Zuges, durch die Fenster auf dem Gang, damit uns ja keines dieser farbigen Meisterwerke durch die Lappen ging. Das Mehr-Monster hatte wieder zugeschlagen. Endlich hatte ich das gefunden, von dem ich nicht mal gewusst habe, dass ich es die ganze Zeit gesucht hatte. Klar, Comics zeichnen brachte Spaß, aber das hier war mysteriös, Underground, spannend, verboten. Das musste entdeckt, erlernt und erobert werden. Unser frisch geweckter Durst nach gesprühter Kunst wurde in Dortmund noch einmal gestillt. Wieder riefen wir wie aufgescheuchte Hühner die ganze Zeit durcheinander. »Guck mal, da hinten, das Blau-Schwarze!« »Ne, da oben, schnell, da oben, das ist voll 3-D!« »Boah, das Männchen da, sieht voll echt aus – und da hinten, der Schriftzug, der hat ja einen rosa Zuckerguss!« Ich war so begeistert, wie es nur ein 14-Jähriger sein kann, und ich hatte keine Ahnung, dass ich bis zum heutigen Tag von diesem Virus befallen sein würde. Das Mehr-Monster ist zwar heute weniger gierig diesbezüglich, aber noch immer nicht satt. Aber ist es das jemals?

Kaum waren die Ferien vorbei, fing ich an, wie wild Schriftzüge auf Papier zu üben. Aber alles, was ich da machte, beruhte auf dem, was ich in wenigen Minuten Zugfahrt aufschnappen und mir merken konnte. Kein Google, kein Buch und auch keine Zeitschrift konnten mir helfen. Glücklicherweise stellte ich am ersten Schultag im neuen Jahr fest, dass mein Klassenkamerad Kristian, von allen nur »Albus« genannt, ebenfalls Interesse an dieser Kunstform hatte. Er brachte ein *Playboy*-Heft mit einem Artikel über

GRAFFITI-SZENE
MIT 14 JAHREN BIN ICH SPRÜHER MIT LEIB UND SEELE.

RADIOSTARS
GAMA, DARK, RAISER UND ICH
BEIM RADIOINTERVIEW (V. L. N. R.)

Graffiti mit in die Schule. Es waren Züge der »Milchbubi Guys« zu sehen, darunter ein Charakter von Milk und ein Schriftzug von Neon. Nicht, dass mich nackte Frauen nicht interessierten, aber diese paar Seiten über Grafitti im *Playboy* bedeuteten die Welt für mich. Endlich konnte ich diese Kunstform in bester Qualität bestaunen, das war viel mehr als nur ein flüchtiger Blick aus dem Zugfenster. Albus und ich beschlossen, so schnell wie möglich auch ein Graffiti zu sprühen. Schon wenige Tage später marschierten wir mit Autolackdosen aus dem Kaufhaus bewaffnet am helllichten Tag zu unserer Schulturnhalle und verewigten uns. Ich hatte mir den – in meinen Augen – unglaublich coolen Namen »Snake« gegeben. Möglichst wild sollte mein erster Style werden. Mintgrünes Fill-in, dunkelblaue Outlines und als Background rosa Bubbles. Niemand hatte uns entdeckt, und auf dem Nachhauseweg kam ich mir vor wie der Graffitikönig höchstpersönlich. Albus und ich feilten immer weiter an unseren Skills. Nachdem alle Schulbücher von uns »gebombt« wurden, fingen wir an, unsere Schultische mit Eddingstiften zu veredeln. Es dauerte nicht lange, und man konnte bei einigen Tischen nicht mal mehr einen Quadratzentimeter Holz erkennen.

    Eines Morgens klopfte der Hausmeister an unsere Klassenzimmertür. Er müsse mit einem Handwerker schnell etwas ausmessen, ob wir das Klassenzimmer bitte alle kurz verlassen könnten. Das war ein Trick, um die Schmierfinken zu ermitteln, denn sobald wir das Klassenzimmer mit unserem Lehrer verlassen hatten, durchsuchten sie alle Schultaschen und Mäppchen, und bei Albus wurden sie dann auch fündig. Ich war wohl an dem Tag »unbewaffnet«, denn nur er bekam den vollen Ärger, hat mich aber mit in die Pflicht genommen, denn seine Strafe war das Reinigen aller Tische und Toilettenwände der Schule. So schrubbten wir also mit irgendeinem Nitroverdünner Pimmelzeichnungen von nach Urin stinkenden Toilettenkacheln. Diese juristisch hoch umstrittene Schultaschendurchsuchung schaffte es sogar in die regionale Zeitung. Aber das entmutigte uns doch nicht!

    In den folgenden Monaten zeichnete ich weiterhin fleißig meine Graffitis in Schulhefte und auf Zeichenblöcke, dachte aber irgendwann, dass ich das jetzt voll drauf hätte, langsam

verlor es an Reiz. Bis zu dem Tag, an dem ich mit einem Skaterfreund durch eine Unterführung in der Karlsruher Südstadt schlenderte. Eigentlich mied ich diesen Stadtteil. Die Gerüchte über Jugendgangs und Schlägertypen wurden einfach zu bildhaft und sicher auch etwas zu fantasievoll unter Jugendlichen weitergetragen, ich hatte kein Interesse daran, selbst Protagonist einer solchen Geschichte zu werden. Ich durchquerte also die Unterführung und erblickte auf einmal mehrere Graffitis. Ein »Dark«-Schriftzug und ein »Richy« in pinken Lettern stachen am meisten heraus. Shit! Es war ein sehr ambivalentes Gefühl. Einerseits war ich begeistert, wie viel Schwung die Buchstaben, wie viel Style die Linienführung hatte, wie sauber hier mit der Sprühdose gearbeitet wurde, andererseits schämte ich mich ein wenig vor mir selbst, da ich ernsthaft gedacht hatte, dass ich dieses Graffitiding komplett beherrschen würde. Aber zwischen dem, was ich an dieser Wand sah, und dem Gekritzel in meinen Schulheften lagen Welten. Es gab also doch noch viel zu entdecken und zu lernen. Ein glücklicher Zufall wollte es, dass Kirsten, ein befreundeter BMX-Fahrer aus Karlsruhe, diesen Dark kannte. Wie ich inzwischen erfahren hatte, war er der King, der Platzhirsch, der Typ, der es am meisten draufhatte. Gleichzeitig eilte ihm auch ein unangenehmer Ruf voraus. Einen Freund meiner Schule hatte er wohl mal mit einem Messer bedroht, und er gehörte zu der Gang Südstadt Rebels. Aber all das war für mich sekundär. Der Typ war Künstler, der Typ war ein Genie, ich musste ihn kennenlernen. Kirsten wollte ein Skate-Video von mir leihen und bot mir als Gegenleistung an, den Kontakt zu Dark herzustellen. Bei einem Festival wurde er mir dann endlich vorgestellt. Er hatte mit seinem Partner in Crime Marius gerade eine Leinwand für die Bühnen-Deko gesprüht. Die beiden sahen auch genau so aus, wie die ganzen gesprühten Charakter, die immer zwischen den Schriftzügen zu finden waren. Kangool-Schlägermützen, lässige Sneaker und Trainingshosen. Und obwohl Dark wesentlich größer und älter war als ich, so wirkte er auf mich nicht bedrohlich wie in den Geschichten, die man über ihn hörte, sondern hochsympathisch. Er lud mich auch sofort zu sich nach Hause ein, um mich ein wenig in die Kniffe dieser Kunst einzuweihen. Ich war unfassbar aufgeregt. Giorgio, wie Dark mit bürgerlichem Namen hieß, wohnte bei seinen

Eltern, die in der Südstadt gegenüber dem Staatstheater ein kleines griechisches Restaurant betrieben, über dem sie wohnten. Trotz des Altersunterschiedes behandelte er mich wie einen Gleichberechtigten. Ich war zwar eindeutig eine Art Schüler, aber er begegnete mir auf Augenhöhe. Er zeigte mir sein Fotoalbum mit all seinen Kunstwerken. Unglaublich, was da alles drinstand. Züge mit seinem Namen, und sogar in New York war er schon gewesen, dem Mekka aller Graffitisprüher. Lustigerweise konnte man von seinem Zimmer aus auf ein Graffiti von ihm blicken, das er auf dem Dach eines Nachbarhauses verewigt hatte. Er schaute sich meine Zeichnungen an und sagte: »Wenn du weiter am Ball bleibst, kannst du einer der besten Charaktermaler Deutschlands werden.« Spoiler alert: So weit ist es leider nie gekommen. Dark übertrieb immer ein wenig. Danach gab er mir jede Menge Tipps, und zum Abschluss packte er eine Airbrush-Pistole aus und sprühte mir einen Wildstyle-Schriftzug mit unzähligen Pfeilen auf ein weißes Shirt, das er mir dann schenkte. Dieses Shirt war für mich wie ein Orden, ein Statussymbol, ich trug es voller Stolz. Es war wie eine Eintrittskarte in die Graffitiszene, jetzt war ich mit einem Fuß drin.

Ich sprühte von nun an öfter, und Giorgio nahm mich ab und zu mit zur Hall of Fame in der Südstadt, eine legale Wand voller Graffiti gegenüber dem berüchtigten Jugendzentrum. Er erklärte mir, wie man mit der Sprühdose umgehen musste. Heutzutage gibt es Sprühköpfe für jede Situation. Skinny Caps für hauchdünne Linien und Fat Caps für ultrabreite. Damals gab es so was noch nicht. Es musste improvisiert und gebastelt werden, Dark wusste, wie es geht, und er zeigte mir, wie es geht. So steckten wir Spritzennadeln in die Sprühköpfe, brannten das Plastikende mit einem Feuerzeug weg und sprühten dann durch die Nadeln, somit konnten wir sehr dünn sprühen.

Er lud mich ein paar Monate später, im Frühjahr 1990, ein, bei einer Aktion der Stadtwerke meinen eigenen Müllwagen zu bemalen. Außer mir waren auch andere Karlsruher Sprüher mit dabei. So zum Beispiel Raiser, mit dem ich schon einige Wände verziert hatte, auch Zero und Darek, die ich nur vom Hörensagen kannte, dazu einige Stuttgarter wie Nero und Steve Boy und Murat »Gama One« aus Mühlacker, der später ein guter Freund und Graffitipartner werden sollte. Die Stimmung war schon auf dem Weg dorthin toll. Wir trafen uns an einer Bushaltestelle. Dark kam als Letzter an, trug eine Jeansjacke, darunter nichts, eine goldene Dark-Gürtelschnalle, und die ganze Zeit fuchtelte er mit einem Butterfly-Messer herum. Während wir auf den Bus warteten, zückten wir alle unsere Lackstifte und taggten das gesamte Bushaltestellenhäuschen zu. Später lernte ich noch Bomber aus Frankfurt von der Gummibärchenfront kennen. Ja, die Namen der Grafficrews waren damals sehr fantasievoll. Am folgenden Tag war ein Artikel zu der Müllwagenaktion in der Zeitung, und auf dem Foto dazu sah man mich bei der Arbeit. Ich war mächtig stolz.

Ich vertiefte mich in den Monaten darauf immer mehr in die Hip-Hop-Kultur. Ich hatte zwar zuvor auch schon Rapmusik gehört, aber jetzt wurde sie zu einer Art Soundtrack meiner Jugend. Ich ging viel auf Hip-Hop-Jams, sah fasziniert den Breakern beim Tanzen zu und lernte nach und nach die gesamte Karlsruher Hip-Hop-Szene kennen. Ich zog mit Gator und Trooper Da Don, dem ersten Karlsruher MC, durch die Straßen, und jeder Lastwagen, der irgendwo parkte, gab uns Deckung, um dahinter Häuserwände mit unseren Tags zu verzieren. Wir waren wie Hunde, die überall ihre Duftmarke hinterlassen mussten. Ich fühlte mich wie ein kleiner Gangster in einer riesengroßen Stadt. Auch lernte ich den ehemaligen Sprühpartner von Dark, Marius, kennen. Er sollte von da an mein bester Sprayerfreund und auch Mentor werden. Das lag nicht nur daran, dass Marius ein sehr aufgeweckter und intelligenter Kerl war, dessen Talent mich faszinierte, sondern auch daran, dass Dark immer seltener Zeit hatte, kaum noch sprühte, aber auf einmal verdächtig oft an Hotspots für Heroinsüchtige anzutreffen war. Wenn ich ihn sah und wir uns unterhielten, war mir das oft unangenehm. Er war mal mein Held, und nun sah ich ihn langsam vor meinen Augen zerfallen. Er erzählte mir dann oft Geschichten, wie viele Leinwände er zu Hause bemalt habe, und ich gab mein Bestes den Eindruck zu erwecken, dass ich ihm glaubte. Es war jedes Mal sehr unangenehm, dieses Lügenspiel mit zu spielen. Viel später, beinahe 30 Jahre später, kam mir zu Ohren, dass Dark 2018 gestorben ist.

Mit Marius aber lief alles super. Wir gründeten eines Tages die Graffiti Crew CMC, das stand für Can Madness Company und war die Idee von Marius. Eine Ewigkeit waren wir die einzigen Mitglieder. Ich fing langsam an, hinter dem Rücken meiner Eltern, die Bahnlinie zwischen Waldbronn und Karlsruhe, die ich täglich auch selbst pendelte, zu verschönern. Marius und ich waren auch außerhalb der Buchstaben geübt und sehr flexibel, weswegen wir oftmals einfach Farben einpackten und erst kurz vor der Wand entschieden, was wir denn malen würden. Und lief uns direkt vor der Wand eine Katze über den Weg, sahen wir das als Zeichen an und malten eben Katzen. Aber die Wände der Bahnstrecke reichten nicht mehr aus. Ich wollte endlich das nächste Level erreichen. Eine Straßenbahn musste her! Wir hatten eine Connection, einen Typen, der selbst Straßenbahnfahrer war und uns sagen konnte, wann und wo man am ungestörtesten Bahnen bemalen konnte. Und so erzählte ich meinen Eltern eines Abends, ich würde mal wieder bei Marius schlafen und dort Filme gucken und marschierte mit einem Rucksack voller Dosen in die Nacht.

Ich war mehr als aufgeregt. Tags zuvor hatte ich mich mit »Hallo Wach N«-Tabletten eingedeckt. Der Preis für den bescheuertsten Namen für Koffeintabletten war ihnen gewiss. Nachdem ich mir einige dieser Wachmacher reingezogen hatte, saß ich dann schließlich in der letzten Bahn Richtung Leopoldshafen. Wir waren die Letzten in der Bahn und stiegen an der Endhaltestelle aus. Wir beobachteten, wie die Bahn langsam in der Dunkelheit verschwand und irgendwo hinter einem Acker vor einer großen Halle hielt. Jetzt hieß es erst mal warten. Wie lange mochte der Fahrer wohl brauchen, um das Teil ordentlich zu parken und das Gelände zu verlassen? Wir warteten noch etwa 20 Minuten und machten uns auf den Weg Richtung Yard. Dafür mussten wir einen endlos langen und frisch gepflügten Acker überqueren. Vom Ende des Ackers blickten wir schließlich in eine Art Grube, in der die Halle und die davor geparkten Züge standen. Wir hielten inne und sondierten die Lage. Hier schien niemand mehr zu sein. Alles still. Also liefen wir den Abhang hinunter und stellten unsere Taschen ab. Wir besprachen kurz, wer wo genau was malt und gingen ans Werk. Ich war gerade dabei, meine ersten Linien zu ziehen, da rief mir Marius etwas zu und rannte im selben Moment den Hügel hoch. Ich dachte erst, er erlaubt sich einen Scherz, aber dann

NACHTS IM YARD
ICH POSE VOR EINEM »CHARAKTER« NEBEN EINEM RHC-PIECE VON DEORE.

FRANKFURT SPRING JAM
TROOPER, ZERO, ICH, ROBBY, MARIUS.

sah ich – wie in Zeitlupe –, wie links neben mir zwischen zwei Zügen eine dunkle Gestalt leicht gebeugt auf mich zuschlich, mit etwas in der Hand, das aussah wie eine Eisenstange. Panik! Ich rannte hinter Marius den Hügel hoch. Meine Tasche mit den Dosen ließ ich einfach zurück. Nur mit einer Dose in der Hand stürmten wir über den Acker. Keine Intervalleinheit meines späteren Läuferlebens war je so hart wie dieser nicht enden wollende Lauf über den Acker. Er war so zerfurcht, dass man ständig einsank oder umknickte. Meine Lungen pfiffen und rasselten, und meine Beine übersäuerten, und in meinem Hirn war absoluter Panikmodus. Marius erging es ähnlich. Als wir den Acker endlich hinter uns gebracht hatten, liefen wir ein ganzes Stück weiter in ein Wohn- und Industriegebiet. Zumindest standen wir irgendwann keuchend und hustend auf dem Parkplatz irgendeiner Spedition und sammelten uns. Gespannt lauschten wir in die Nacht, ob wir Polizeisirenen hören konnten, aber es blieb still. Da wir beide noch eine Dose in der Hand hielten und etwas frustriert waren, weil unsere Straßenbahnaktion ein Fehlschlag war, reagierten wir uns auf einem großen weißen Laster farblich ab. Vandalismus kann ein wunderbares Ventil sein, und mit 14 ist einem auch selten bewusst, wie asozial das eigentlich ist.

Es dauerte nicht lange und ich fing damit an, die ersten Züge zu besprühen. Die Königsdisziplin! Es gab ein Yard unweit von Oberreut. Oberreut war neben der Südstadt ein weiterer Graffiti- und Hip-Hop-Brennpunkt. »Wer den Tod nicht scheut, geht nach Oberreut« war ein stadtbekannter Spruch, aber auch hier hatte ich nie Probleme. Das Jugendzentrum Weiße Rose war seit den frühen Neunzigern Austragungsort von Jams, die Maler, Tänzer und Rapper aus ganz Deutschland anzogen. Die Szene boomte, und es kamen immer neue Talente hinzu. Mit Deore hatten wir jemanden, der Stylewriting, also das Malen von Schriftzügen, zur Perfektion brachte und sehr aktiv war. Low, der selber aus Oberreut kam, war eine weitere Größe der Szene, der mit seinen gut lesbaren Styles überall anzutreffen war. Die Oststadt hatte Baske, der mit einigen anderen rund um einen Spielplatz eine sehr coole Hall of Fame am Leben hielt.

Das Bemalen von Zügen blieb eine spannende Sache. Ich glaubte irgendwann, ich wäre immun dagegen, geschnappt zu

werden. Das Yard war wie eine Art Spielplatz für uns. Ich war trotzdem nie ein superproduktiver Zugmaler. Heutzutage werden von einigen mehr als 100 Züge pro Jahr bemalt, ich backte da wesentlich kleinere Brötchen. Aber ich liebte die Atmosphäre im Yard. Man konnte nie wissen, was einen erwartete. Wenn man nicht an einem Bahngleis steht, ist so ein Zug übrigens verdammt hoch. Ohne Getränkekiste lässt sich da kaum arbeiten. Wenn der Zug nass war, gingen wir einfach in den Zug und rissen Gardinen ab und trockneten ihn. Das hier war verdammt noch mal unser Terrain! Wir erlebten die skurrilsten Situationen. Einmal standen wir vor einem Zug und waren mit unseren Bildern beschäftigt, als plötzlich eine Art Ruck durch den Zug ging. Wir guckten uns noch kurz doof an, dann fuhr auf einmal unser halb fertiges Werk davon. Ein anderes Mal standen wir Knall auf Fall im Scheinwerferlicht eines Zuges, der genau da parken wollte, wo wir standen und in Ruhe arbeiten wollten. Wie aufgescheuchte Hühner packten wir unsere Dosen und suchten das Weite. Wieder ein anderes Mal standen wir im Scheinwerferlicht eines Polizeiautos, aber wir konnten – wie so oft – über die unzugänglichen Gleisanlagen flüchten. Meine Eltern bekamen von diesen Abenteuern wenig mit. Sie wussten zwar irgendwie schon, dass ich in der Graffitiszene aktiv war, aber 16-Jährige gehen halt öfter mal am Wochenende bis in die Puppen aus. Mit Wollmütze und Parka war ich auch sehr unpassend für einen Tanzabend gekleidet.

Ich glaube, alle Maler haben Phasen in ihrem Leben, in denen sie so sehr vom Mehr-Monster besessen sind, dass sie regelrecht einen eigenen Film leben. Irgendwo zwischen Graffitibüchern, Gleisanlagen und der ewigen Suche nach noch größerer Anerkennung der Szene wird alles andere ausgeblendet. Mitte der Neunziger flog ich dann endlich auch nach New York. Ich malte ein Bild mit einem New Yorker Maler der alten Schule. Es war ein Hochgefühl. Danach fing es langsam an, weniger Spaß zu bringen. Eines Tages bekam ich einen Anruf eines Kollegen, er sei erwischt worden, und man habe bei ihm eine Telefonliste gefunden, auf der er unsere Sprühernamen statt unserer normalen Namen genutzt hatte. Die Polizisten mussten also nur das Telefonbuch durchforsten, um zu wissen, wer genau was malte. Nicht viel später wurde ein Bekannter von mir wegen völlig anderer Delikte von der

Polizei zu Hause aufgesucht. Ich hatte sein Wohnzimmer bemalt, und er hatte noch ein paar Fotos von mir, die die Beamten liebend gern mitnahmen. Als mir dann zu Ohren kam, dass auf meiner ehemaligen Schule ein Junge aus dem Unterricht abgeholt wurde und explizit nach mir gefragt wurde, war mein Verfolgungswahn auf dem Höhepunkt. Eines Nachts bei einer Aktion wurden wir unmittelbar, bevor wir einen Zug besprühen wollten, festgenommen. Dummerweise war der Zug, den wir bemalen wollten, schon mit einem Bild von mir verziert, was mich nicht gerade beruhigte. Ich dachte, jetzt sei alles vorbei. Kackstift deluxe! Die Anklage wurde zwar später fallen gelassen, aber danach hatte ich trotzdem erst mal genug vom illegalen Sprühen. Ich hatte das Gefühl, jeder Polizist der Stadt würde nach mir suchen, obwohl es Jungs gab, die wesentlich aktiver waren als ich. 1997 zog ich dann nach Stuttgart, um dort zu studieren, und es kam mir ein bisschen vor wie eine Flucht. Ich hatte diesen Mikrokosmos hinter mir gelassen. Ich fühlte mich fast befreit.

Mittlerweile bin ich froh, all das miterlebt zu haben. Wir haben Abenteuer erlebt, während andere Party gemacht haben. Wir waren berühmt, ohne dass man unsere Gesichter kannte. Wir hatten ein Hobby, das auf Kreativität und Engagement beruhte, nicht auf Status oder Schönheit.

#05

ALLES HAT EINEN ANFANG!

WIE PAUL MICH WIEDER ZUM LAUFEN BRACHTE

MEIN VATER, DER MARATHONLÄUFER
NICHT ALLE IN DER FAMILIE SIND SO SCHWER
UND LANGSAM WIE ICH.

Ich schnupperte schon als kleiner Junge in den Laufsport, allerdings erst mal, ohne selbst zu laufen. Mein Vater entdeckte mit 37 Jahren das Laufen, und meine Mutter, mein Bruder und ich begleiteten ihn zu zahlreichen Laufveranstaltungen. Ich bekam den Trubel und die Unruhe im Startbereich mit, das olfaktorische »Erlebnis«, wenn sich ätherische Öle mit altem Schweiß vermischten, und ich kostete von Kuchenbuffets vieler Turnvereine, die meist von emsigen Hausfrauen kreiert wurden. Und ich wartete am Streckenrand. Und wartete. Und wartete. Manchmal nah an der Frustgrenze, wenn ich halbe Greise mit Schaum vor dem Mund lange vor meinem Vater schief an uns vorbeihumpeln sah. Wo bleibt der denn? Die lahme Sau! Als Kind kann man sich einfach nicht in eine Marathondistanz und die damit einhergehenden Strapazen versetzen. Ich hatte nicht den blassesten Schimmer, wie unglaublich schnell mein Vater eigentlich war – und wie schnell besagter Greis gewesen sein musste. Die Bestzeit meines Vaters über die Marathondistanz war 2:48 Stunden. Das entspricht einer Pace von vier Minuten pro Kilometer. Wenn ich dieses Tempo auch nur drei Kilometer am Stück laufen würde – wenn ich es denn könnte –, würde ich mir danach die Seele aus dem Leib kotzen.

In der Grundschule fingen mein Bruder und ich an, regelmäßig mit meinem Vater eine Runde joggen zu gehen. Meist kleine 5-Kilometer-Einheiten durch die Felder und Streuobstwiesen außerhalb unseres Ortes. Ich mochte das Laufen, aber es war weit davon entfernt, mir großen Spaß zu bereiten oder gar eine meiner Leidenschaften zu werden. Nachdem wir bei einem 5-Kilometer-Volkslauf mitgemacht hatten, war für kurze Zeit erst mal die Luft raus. Dann aber entdeckte mein Vater eine völlig neue Sportart: Triathlon! Das Überraschungsei des Sports: drei Sportarten in einem! Hier war die Zuschauerrolle wesentlich unterhaltsamer. Hier gab es Action! Außerdem waren diese Triathleten verdammt coole Säue. Im Gegensatz zu Läufern hatten die zumindest auch Muckies, und sie trugen extrem lässige verspiegelte Sonnenbrillen und Schirmmützen. Das machte mächtig Eindruck auf mich.

Mein Vater entdeckte irgendwann einen Kindertriathlon und fragte meinen Bruder Hartmut und mich, ob wir da

WHO THE FUCK IS JAN ULLRICH?
ZUR SEITE, HIER KOMMT DAS SCHLUSSLICHT!

FRÜH ÜBT SICH
MEIN BRUDER (R.) UND ICH NACH
UNSEREM ERSTEN TRIATHLON.

mitmachen wollten. Aber hallo! Natürlich wollten wir. Das hieß allerdings: Wir mussten dafür trainieren. Da ich nicht wirklich gut kraulen konnte, riet mein Vater mir, mich doch einfach auf Brustschwimmen zu konzentrieren und eben das zu trainieren. Wahrscheinlich war das der richtige Tipp, aber dennoch sollte die Brustschwimmkiste noch ein fatales Ding werden. Dann kam das Radfahren. Ich hatte zwar streng genommen ein Rennrad, aber noch strenger genommen ein normales Kinderfahrrad mit einem Rennradlenker. Von meinem Bruder und mir natürlich getunt: Schutzbleche, Gepäckträger, Klingel und Co haben wir sofort abgeschraubt. Ich kann mich gar nicht daran erinnern, großartig auf dem Rad trainiert zu haben. Gelaufen sind wir unsere Runden, wie immer, zum »Obstbaumhüttle«, in den angrenzenden Wald und wieder zurück. Es muss entweder an meiner Fitness oder an meiner Jugend gelegen haben, aber damals fiel mir das Laufen sehr leicht. Ich erinnere mich noch sehr gut, wie wir in der fünften Klasse im Sportunterricht einen Waldlauf machten und alle um mich herum schnauften. Mein Freund Jan sagte ständig, er habe keine Kondition mehr und müsse Kondition trainieren. Ich wusste nicht, was das war, diese »Kondition«, und traute mich auch nicht, zu fragen.

Dann war er endlich da, der Tag des Wettkampfs. Ich war der Jüngste im Feld, was mein Selbstvertrauen nicht wirklich überborden ließ. Die Distanz im Wasser wurde in einem Freibad-Schwimmbecken ausgetragen. Ich mach es kurz: Das gesamte Feld hatte das Wasser bereits verlassen, als ich gerade mal die Hälfte geschafft hatte. Logischerweise hatte das Publikum Mitleid mit dem kleinen Scheißer, der sich da im Wasser abkämpfte, und so feuerten mich die Zuschauer an, als ob ich um mein Leben schwamm. Ich hatte keine Ahnung, ob ich auf dem Fahrrad meinen Abstand vergrößert oder verkleinert habe, aber ich stieg auch als Letzter vom Rad. Dann kam das Laufen. Im Gegensatz zum Rest hatte ich mich ja praktisch zuvor geschont. Und zum ersten und leider letzten Mal in meinem Leben kam ich in den Genuss, ein Feld so richtig schön von hinten aufzuholen. Ich fühlte mich leicht und locker und hüpfte förmlich an den teils völlig erschöpften Konkurrenten vorbei. Es war herrlich. Als ich den Zielbereich erreichte und der Mann am Mikro mich erkannte, jubelte das Publikum wie verrückt. Der kleine Scheißer, der beim Schwimmen so geschwächelt hatte, hatte doch tatsächlich die Hälfte des Felds noch eingeholt. Unterm Strich betrachtet natürlich eine absolut mittelmäßige Leistung, aber ich fühlte mich ein ganz klein wenig wie ein Sieger. Yeah!

Danach war erst mal Ende mit dem Laufen und dem Triathlon. Skaten, Graffiti, Basketball und die Pubertät hatten mich fest im Griff. Im Studium verlor ich dann völlig den Bezug zu Leibesertüchtigungen und wurde stetig dicker und dicker. Ich liebte es, zu kochen, und ich liebte es mindestens genauso sehr, meine eigenen Kreationen zu verschlingen. Dann gewann ich dreimal hintereinander im Lotto, und jeder Vater weiß, dass man sich aus purer Solidarität mit der besseren Hälfte jedes Mal einen kleinen Schwangerschaftsbauch anfrisst, wenn die bessere Hälfte in Erwartung ist. Das Dumme ist nur, dass man den ja nach der Geburt immer noch hat. Dann kam der Punkt, an dem ich mich nicht mehr wohlfühlte in meiner Haut. Aus Verzweiflung wünschte ich mir von meinem Vater zum 38. Geburtstag ein paar Laufschuhe. Er schenkte mir dazu noch ein uraltes Laufbuch von Manfred Steffny, das wohl auch ihn anno dazumal zum begeisterten Läufer gemacht hatte. Auch bei mir wirkte das Buch: Regelrecht überschäumend vor Tatendrang schnürte ich mir also eines Novembermorgens die Laufschuhe und lief los. Es war so erbärmlich, dass es in der albernsten Komödie als Übertreibung abgetan worden wäre. Nach nicht mal einem Kilometer blieb ich keuchend stehen. Ich ging auf die Knie und musste mich abstützen. Meine Lunge schmerzte wie Sau, und zudem war mir kotzübel. Mit total übersäuerten Oberschenkelmuskeln und einem Selbstbewusstsein irgendwo zwischen Kakerlake und Blutegel humpelte ich zurück nach Hause. Dat war nix! Das Laufen und ich würden keine Freunde mehr werden, das war klar.

Im Frühsommer des folgenden Jahres kam es dann allerdings ganz anders. Mein australischer Nachbar Paul fragte mich, ob ich nicht mit ihm ein wenig laufen wolle. Er habe sich für einen 10-Kilometer-Firmenlauf angemeldet und müsse bis zum Herbst fit sein. Warum nicht, dachte ich. Obwohl er mir eigentlich nicht als aktiver Läufer bekannt war, fing Paul damit an, mir das Training und einige goldene Regeln zu erklären. Nie in der Straße laufen, immer erst bis zur Ecke gehen! Lustigerweise befolge ich das bis heute, ohne mir je die Sinnfrage gestellt zu haben. Außerdem waren uns drei Gehpausen an genau festgelegten Stellen vergönnt. Und – hey, Überraschung – ich habe die Runde überlebt, und ich fand es sogar recht spaßig. Paul musste am folgenden Tag für eine Woche geschäftlich nach Brasilien, aber schon zwei Tage nach dem gemeinsamen Training wollte ich die Runde allein machen. Es dauerte keine zwei Wochen und etliche kleine Trainingsrunden, und ich hatte zum ersten Mal dieses unglaubliche Gefühl: Man läuft, nicht mehr direkt unter Schmerzen, jeden Schritt aktiv und bewusst. Nein, man sitzt da oben im Kopf wie in einem Führerhaus und lässt den Körper die Arbeit machen. Man spürt diesen herrlichen Zustand, wenn der Körper warm wird. Der Schweiß tropft, der Atem findet seinen Rhythmus, und der Geist kann abschweifen. Man riecht die Natur, während die Vögel einem den passenden Soundtrack liefern. Und wenn man dann zu Hause – halt! – ich meine an der Ecke (Regel Nummer eins schon vergessen?) – austrabt und langsam geht, ist das ein wenig so, wie wenn man von einem Karussell abspringt. Die Schlagader pocht noch, die Beine sind angenehm leicht, das Gesicht gut durchblutet und ein unbeschreibliches Glücksgefühl durchströmt einen. Ich war verkauft! Zuerst habe ich die mittlere der drei von Paul erlaubten Gehpausen gestrichen. Dann die anderen beiden. Und dann habe ich die Runde etwas verlängert. Ich hatte weder eine App noch eine Sportuhr, die mir sagte, wie lang meine Runde war. Paul hat es mir dann netterweise irgendwann in Google Maps nachgemessen und verkündete mir, dass ich acht Kilometer gelaufen sei. Wow! Das hieß, ich war nah genug an der 10-Kilometer-Distanz, um mich für den Singelloop anzumelden. Das ist einer der ältesten 10-Kilometer-Läufe Hollands, er führt in Utrecht an der bezaubernden Singel (Gracht) entlang. Meine Frau Alexi fing an, mit ein paar Nachbarsfrauen ebenfalls für diesen Lauf zu trainieren. Es wurde ein tolles erstes Laufwochenende. Ich finishte in knapp 53 Minuten und hatte endgültig Blut geleckt. Das Mehr-Monster hatte wieder zugeschlagen und mich ausgerechnet mit dem Laufvirus infiziert! Wer hatte das noch für möglich gehalten? Ich fing an, alles zum Thema Laufen auf-

WOHOOOOOOO!
REAKTIVIERUNG DES SPORTLERS IN MIR MIT MEINER FRAU ALEXI.
DAS 10-KILOMETER-RENNEN IST GESCHAFFT!

ALLES HAT EINEN ANFANG!

zusaugen, was mir in die Quere kam. Ich kaufte jede Laufzeitschrift, die ich in die Finger bekam. Und ich fing an, Bücher zu verschlingen. Ich las im ersten Jahr knapp zehn Bücher. Von Büchern übers Ultralaufen bis zu Trainingsplänen. Riky, ein befreundeter Podcaster, sagte irgendwann zu mir: »Ich kenne niemanden, der sich so schnell in etwas reinge-nerd-et hat, wie du dich in den Laufsport.«

Für meine Mitmenschen war ich vermutlich supernervig. Ich konnte und wollte mich nur noch über das Laufen unterhalten. Das Laufen war (und ist) die Antwort auf so viele Fragen, die Lösung so vieler Probleme, der Ausweg aus fast jeder Krise! Und das Tolle war: Ich stand ja erst am Anfang. Da schwebte etwas am Horizont, dem ich nicht ausweichen konnte. Es war der Elephant in the Room, das unausgesprochene, aber offene Geheimnis: der Marathon!

Der erste Lauf an der Singel mit Paul war übrigens Pauls letzter Lauf. Ich hab ihn leider nie wieder überreden können, mit mir laufen zu gehen. Ich bin ihm aber ewig dankbar, dass er mir den entscheidenden Impuls gegeben hat.

#06

KREBS SUCKS!

DER EINEIIGE EINLING

Ich kann heute gar nicht mehr sagen, wann es mir auffiel oder ob es mir überhaupt aufgefallen war. Fakt ist: Ich weiß noch genau, wie ich in der achten oder neunten Klasse einen Schulkameraden fragte, ob es normal sei, zwei unterschiedlich große Hoden zu haben. Er meinte dann, klar, das eine sei der Haupt-, das andere der Nebenhoden. Damit war meine Sorge erst mal aus der Welt. Mein Hoden wuchs mit den Jahren. Von der Weintraube zur Pflaume, dann zum Hühnerei und beinahe zum Tennisball. Um ehrlich zu sein, dachte ich, der große Hoden sei die Antwort darauf, warum ich eine schier unersättliche Libido hatte. Doch Anfang der zehnten Klasse – ich war gerade aus dem Internat zurück in den Ferien in Karlsruhe –, fing er immer öfter an zu schmerzen. Meine damalige Freundin drängte mich dazu, das untersuchen zu lassen. Ich weiß nicht, ob es jugendliche Verklemmtheit war, aber ich scheute den Arztbesuch. Aber schlussendlich ließ ich mich überreden. Wir suchten uns ziemlich wahllos den erstbesten Urologen, den wir finden konnten. Dummerweise sagt so ein Dr.-Maier-Schild halt rein gar nichts über das Geschlecht des Arztes aus. Ich hatte tierischen Schiss, bei einer Ärztin zu landen, die bei mir da unten rumfummeln würde und dass ich dann eine ungewollte Erektion bekäme. Es wurden schließlich Tausende Filme für Erwachsene gedreht, die genau so anfingen, also kam meine Sorge ja nicht von ungefähr.

Aber nichts dergleichen geschah. Ein alter Mann, der auch locker als Dr.-Best-Double Zahnbürsten hätte verkaufen können, so ähnlich sah er ihm, betrat das Zimmer und untersuchte meinen Hoden. Nachdem er sich alles im Ultraschall angeguckt hatte, sagte er: »Oh, das ist ein Tumor, keine Frage!« Danach fügte er beschwichtigend hinzu, dass das aber nicht bedeuten müsse, dass ich Krebs hätte, er ginge jetzt erst mal davon aus, dass der Tumor gutartig sei. Nach dem Arzttermin überbrachte ich die frohe Botschaft meiner Freundin, die aus allen Wolken fiel.

Ich machte mir zu diesem Zeitpunkt übrigens keinerlei Sorgen bezüglich meiner Gesundheit. Nicht ein Mal hatte ich so was wie Todesangst. Insgeheim hoffte ich sogar ein wenig, dass durch den ganzen Eierzirkus vielleicht ja ein oder zwei Wochen schulfrei für mich rausspringen würden. Ich hatte nicht den blassesten Schimmer, wie reich

ich diesbezüglich beschenkt werden sollte. Was mir eher Sorgen bereitete, war, dass ich das auch meinen Eltern beibringen musste. Keine Ahnung, warum, aber mir war das alles schon saupeinlich. Meine Eltern reagierten den Umständen entsprechend sehr gelassen, und wir gingen alle davon aus, dass das ja doch ein gutartiger Tumor sei. Nach einigen weiteren Arztbesuchen und Untersuchungen stand fest: Der Hoden musste, so oder so, erst mal raus. Ich musste also Abschied von meinem kleinen großen Freund nehmen, mit dem ich so viele tolle Abenteuer erlebt hatte.

Ich wurde im nahe gelegenen Pforzheim operiert. Es war ein altmodisches Krankenhaus mit fürsorglichen Nonnen als Schwestern. Der Hoden wurde über einen Leistenschnitt entnommen. Ich konnte anfangs kaum gehen und auch nicht lachen, was sich als großes Problem herausstellte, als mein Vater mit meiner Freundin zu Besuch kam und mir ein *Das Kleine Arschloch*-Comic mitbrachte. Ich musste immer wieder lachen, um dann direkt vor Schmerz weinen zu müssen. Verdammter Leistenschnitt! Mein Vater versuchte die Situation zu retten, indem er und meine Freundin immer wieder das Zimmer verließen. Aber man kennt das ja. Wenn man nicht lachen darf, muss man erst recht lachen, und das geschah, nachdem sie zurückgekommen waren, jedes Mal wieder aufs Neue. Ich habe die Szenerie als einen der lustigsten und gleichzeitig schmerzhaftesten Momente meines Lebens in Erinnerung.

Die Schwestern versorgten mich voller Liebe und Hingabe, und man hätte gut und gern eine schöne Montage drehen können – unterlegt mit dem Lied *Eye of the Tiger* –, wie ich mich jeden Tag gekrümmt den Gang entlanggequält habe und langsam immer besser und aufrechter laufen konnte. Ich fühlte mich beinahe wieder topfit, genesen, normal.

Eines Morgens lag ich im Bett. Die Tür ging auf, und eine stattliche Gruppe an Ärzten, begleitet von der Oberschwester, stand vor mir. Der wortführende Arzt begrüßte mich mit den Worten: »So, der Befund ihres Hodens ist zurück. Sie haben Krebs und müssen wieder unters Messer.« Er drehte sich zu der Schwester und fragte sie, wann denn wieder ein Termin frei sei, es wurde ein wenig gefachsimpelt, dann verabschiedete sich die Mannschaft. Genauso abrupt, wie sie gekommen war. Die Tür fiel ins Schloss, Stille. Ich war auf einmal wieder allein. Ich weiß nicht, ob die Worte »Sie müssen wieder unters Messer!« oder die Neuigkeit, dass ich Krebs hätte, dafür ausschlaggebend waren, aber in jenem Moment war ich zum ersten Mal am Boden zerstört. Ich fühlte mich allein auf der Welt. Ich hatte mich doch gerade erst wieder Rocky-mäßig nach oben gekämpft, konnte endlich wieder laufen. Aber nun fühlte ich mich wie Sisyphus, der sich gerade wieder hochgekämpft hatte, um von einem weiß bekittelten Satan zurück ins Krankenbett getreten zu werden. Und warum haben die nicht vorher meine Eltern informiert? Ich hatte nun die zweifelhafte Ehre, meine Eltern anrufen zu müssen. »Hallo, euer Sohn hat Krebs!« Das klingt jetzt alles sicher sehr nach Selbstmitleid, aber mir fiel dieser Anruf wirklich unglaublich schwer, und ich erinnere mich noch, dass mir die Tränen in den Augen standen, als ich es meiner Mutter am Telefon beibringen musste.

Wahrscheinlich verwundert es kaum, dass ich das zweite Mal nicht in diesem Krankenhaus »unters Messer« kam. Mein Vater machte sich schlau und fand heraus, dass es in Berlin einen Spezialisten für meine Krebsart gab. Als wir wenige Wochen später bei ihm im Sprechzimmer saßen, unterbreitete er mir meine Optionen.

Die erste war: Wait and see. Spricht für sich und ist natürlich insofern verlockend, da man erst einmal komplett geschont wird. Dafür hat man halt das volle Risiko. Option Nummer zwei: Bestrahlung. Und die letzte Option war eine endmodifizierte, schnellschnittgesteuerte Lymphdrüsenanektomie. Ich muss zugeben, dass ich mit den Jahren ein weiteres Fremdwort vergessen habe, das diese Operationsmethode noch geiler hätte klingen lassen. Da mein Krebs sich als Nächstes an den Lymphdrüsen im oberen Rücken und entlang der Wirbelsäule angesiedelt hätte, wollte man über einen großen Schnitt am Bauch von allen möglichen Lymphdrüsen ein Stück abschneiden und die dann direkt untersuchen.

Eigentlich hatte ich null Bock, noch mal ein Krankenhaus von innen zu sehen, aber Option Nummer drei schien die vernünftigste zu sein. Nachdem der Arzt mir versichert hatte, dass es heutzutage ja die tollsten Schmerzmittel gebe und niemand leiden müsse, sagte ich zu. Ich sollte vielleicht noch mal erwähnen, dass ich trotz der Diagnose Krebs nicht ein einziges Mal ernsthaft Angst um mein Leben hatte. Meine Freundin gab mir nach Berlin eine Kassette mit, auf der die gesamte Dauer nur *The Show must go on* von Queen zu hören war. Ich fand das irgendwie deplatziert, da hier doch noch niemand vom Ende der Show gesprochen hatte, habe es ihr aber nicht übel genommen. Ich denke, das war auch eine schwere Zeit für sie.

Die Operation dauerte viereinhalb Stunden. Ich erinnere mich noch gut, wie ich von starken Schmerzen geweckt wurde, aber meine Augen nicht öffnete. Ich hörte das Personal und kriegte immer wieder mit, wie etwas mit mir getan wurde, aber ich kam nie auf die Idee, meine Augen zu öffnen oder etwas zu sagen. Schmerzmittel wurden verabreicht, Katheter wurden gesetzt (sehr unangenehm), und irgendwelche Maschinen wurden bedient. Ich kann nicht sagen, wie lange ich auf der Intensivstation gelegen habe und wie oft ich aufgewacht bin oder wie lang meine Schlafphasen waren, aber irgendwann öffnete ich dann doch meine Augen und registrierte, dass ich in meinem Krankenzimmer lag. Meine Mutter, die die ganze Zeit mit in Berlin war, saß neben meinem Bett. Ich weiß natürlich, dass es Menschen gibt, die viel Schlimmeres durchleiden müssen, ich will hier auch kein Mitleid erschleichen – und eventuell bin ich ja auch einfach eine wehleidige Wurst –, aber ich fühlte mich so scheiße wie noch nie zuvor in meinem Leben. Mir tat alles weh, überall hingen Schläuche aus mir, und mir war konstant übel. Als ob ich mich überfressen und zwei Packungen Kippen auf Kette geraucht hätte.

Es war konstant heiß in meinem Zimmer, und mir stand ständig der Schweiß auf der Stirn. Ich konnte nur auf dem Rücken liegen und hatte mich wohl schon auf der Intensivstation am Hintern wund gelegen. Ich empfand das als die Hölle auf Erden. Aber es gab diesen einen Moment, der alles erträglich machte. Es war der Moment, als die Schwester ins Zimmer kam und die Spritze mit dem Schmerzmittel an die Kanüle auf meinem rechten Handrücken anstöpselte. Ich fühlte förmlich, wie eine Wärme meinen Arm hochkroch und meinen gesamten Körper durchströmte. Dieses kurze

Fenster, das mir kurz alle Schmerzen und alle Übelkeit nahm und mich in eine Welt des Wohlbefindens entführte. Dieser kurze Augenblick, für dessen Dauer die Hölle zum Himmel wurde. Ich genoss es. Und meist schlief ich dann auch recht schnell und erschöpft ein.

Nach ein paar Tagen konnte ich dann sogar mit meinem Tropf und dem schicken Handtäschchen, das über einen Schlauch mit meinen Mageninhalt versorgt wurde, vor die Tür gehen. Meist lag ich aber im Bett. Es ging mir grottig. Ich fing an, die Stunden und Minuten zu zählen, die zwischen den Schmerzmittelgaben lagen. Ich hatte damals nichts mit Drogen am Hut. Ich war einer der ganz wenigen auf meiner Schule, die weder soffen noch Drogen nahmen. Ich war da fast stolz drauf, aber hier merkte ich plötzlich, wie sehr man einem Mittel verfallen kann. Ich konnte mich plötzlich in Junkies reinversetzen, die nach dem nächsten Schuss lechzten. Ich habe mich inzwischen so oft gefragt, ob damals meine Suchtkrankheit getriggert wurde. Oder war ich einfach schon immer süchtig nach mehr und habe deshalb so schnell angebissen? Ist es vielleicht völlig normal, dass, wenn man einen Reißverschluss sportet, der über den gesamten Bauch geht und aus dem Magensonden, Schläuche und Wunddrainagen hängen, mal kurz ein bisschen Bock auf Schmerzmittel hat und sich sogar ein klein wenig darauf freut?

Zwei Wochen nach der Operation durfte ich nach Hause. Ich lief noch einige Zeit leicht gebückt, da die lange Narbe auf dem Bauch spannte, aber schon wenige Monate später war alles vergessen. Ich empfand es als ungerecht, dass ausgerechnet der nicht rauchende und abstinente Drogenverweigerer, der ich damals war, diese Hölle durchleben musste, hatte aber auf der Habenseite, dass ich die damals eigentlich verpflichtenden zentralen Klassenarbeiten der zehnten Klasse nicht mitschreiben musste und später beim Bund nicht mal vorsprechen musste, um mir ein T5 abzuholen.

Ich weiß nicht, ob ich heute ähnlich relaxed und positiv mit solch einer Situation umgehen könnte, wie ich es damals tat. Und doch: Es wurde da vermutlich ein Samen in mir gepflanzt, der später noch ganz finstere Blüten treiben sollte.

»**ICH WEISS NICHT, OB ICH HEUTE ÄHNLICH RELAXED UND POSITIV MIT SOLCH EINER SITUATION UMGEHEN KÖNNTE, WIE ICH ES DAMALS TAT. UND DOCH: ES WURDE DA VERMUTLICH EIN SAMEN IN MIR GEPFLANZT, DER SPÄTER NOCH GANZ FINSTERE BLÜTEN TREIBEN SOLLTE.**«

#07

HIGH TER KEIT

ICH, HARDCORE KIFFER

Mein Vater sagte einmal, als ich noch ein Jugendlicher war: »Um Philipp mach ich mir keine Sorgen, der macht sich nichts aus Drogen.« Und er hatte recht. Zumindest vorerst. Und vielleicht hat mich ja auch gerade dieser Satz darin bestärkt, immer Nein zu sagen, wenigstens zunächst. Es ist nicht so, dass ich nie Alkohol getrunken hätte. Ich war bis zum 20. Geburtstag aber höchstens 5-mal betrunken. Einfach nur aus Genuss Alkohol zu trinken, war bei mir nicht drin. Das Zeug schmeckte bitter (Bier) oder einfach nur scheiße (Wein) und war höchstens dazu geeignet, sich in Selbstmitleid zu ertränken, wenn man Liebeskummer hatte. Diese enthemmten Ausgehtypen waren nie mein Ding und wirkten auf mich am ehesten dumm und kindisch. Mit dem Kiffen war das nicht großartig anders. Unnötiges Drogenzeug, das man nicht brauchte, um glücklich zu sein. Ich war in Sachen Enthaltsamkeit ähnlich extrem wie andere in ihrer Sucht. Mir kam es gar nicht in den Sinn, dass man etwas auch maßvoll tun könnte. Ich war maßlos. Schon immer. Sogar in der Enthaltsamkeit. Das erkannte meine Mutter auch recht früh, und ich bekam das öfter von ihr zu hören. »Du bist immer so maßlos, Philipp!« Und sie hatte recht. Ich sah das natürlich damals nicht so. Meine Mutter hat den dunklen Schatten des Mehr-Monsters vielleicht als Allererste wahrgenommen.

Vielleicht wurde ich ja durch das High der Schmerzmittel in der Krebszeit getriggert, vielleicht hatte ich auch einfach nur eine Art Nachholbedarf oder Torschlusspanik, vielleicht war es Neugierde, aber in der 13. Klasse beschloss ich – auf einmal und aus heiterem Himmel –, meine gesamten Werte und Ansichten bezüglich Drogen in den Wind zu schießen. Ich wollte auch endlich mal high werden. Es fing ganz harmlos mit einer Tüte auf einer Parkbank an. Max, ein Schüler aus meiner Schule, der einige Klassen unter mir war, war praktisch ein Experte auf dem Gebiet. Er erklärte mir alles Wissenswerte. Aber die ersten paar Male wurde ich gar nicht richtig high, und schon da entwickelte ich eine Gier und Ungeduld, als wäre ich schon seit Jahren der Megakiffer gewesen. Das musste doch endlich klappen mit mir und dem Highwerden! Und es klappte. Es klappte sogar ganz ausgezeichnet. Ich weiß noch genau, wie ich nach einer mittäglichen Kiff-Session in der

Straßenbahn saß und die Wasserpfeife, die ich davor höchst amateurhaft geraucht hatte, voll reinhämmerte. Mein erstes richtiges High. Es war eine eigenartige Mischung aus begeistertem Genuss und Panik. Ich hatte das Gefühl, als würde ein riesengroßes Schild über meinem Kopf schweben, auf dem »Der hier ist mega-stoned« stand. Ich fühlte mich beobachtet und völlig bloßgestellt.

Nachdem ich mir das Kiffen also redlich erarbeitet hatte und endlich auch high wurde, gab es kein Halten mehr. Jedes Wochenende wurde darauf ausgelegt, wo, bei und mit wem ich kiffen konnte. Nachdem ich mein Abi in der Tasche hatte und zu Hause ausgezogen war, wurde aus der Wochenendroutine ein tägliches Ding. Joints waren mir schnell zu langweilig, also musste eine Bong, also eine Wasserpfeife, ins Haus. Ein »Bong Hit«, also ein tiefer Zug an einer Wasserpfeife, hat einen ähnlichen Effekt aufs Hirn wie eine Heroinspritze. Das habe ich Jahre später mal gelesen. Und ich kann das unterschreiben, denn manchmal ballerte mich dieses kunstvoll geblasene und blubbernde Stück Glas echt in meinen Sessel und knockte mich komplett aus. Da ich nach dem Abitur nicht sofort einen Studienplatz fand und somit auch keine tägliche Beschäftigung hatte, dauerte es nicht lange, und ich rauchte meinen ersten Kopf schon morgens. Vor dem Frühstück! Der Heißhunger, der mit dem Kiffen einhergeht, läutete das Frühstück ein. Und was gibt es Schöneres als eine Bong nach dem Essen? Ich hangelte mich also von einem Cannabisschub zum nächsten. Wirklichen Einfluss auf meine innere Unruhe hatte das nicht. Sehr wohl aber auf meinen Körper. Wenn nämlich nirgendwo Dope zu kriegen war, fehlte der morgendliche Hunger. Er kam dann auch mittags noch nicht. Ich bekam keinen Bissen runter, schwitzte wie ein Junkie auf Entzug und wollte so schnell wie möglich wieder kiffen, und sei es nur, um dieses ekelhafte Unwohlsein loszuwerden. Keine Ahnung, wann ich das erste Mal gekotzt habe, weil meinem Körper das alles zu viel wurde. Aber von da an wurde die Kotzerei zu einem unangenehmen Begleiter. Sie kam immer dann, wenn ich entweder kein Dope oder beschlossen hatte, mit der Kifferei aufzuhören. Ich hing teilweise mehr als 20-mal am Tag über der Schüssel, mit Schweißperlen auf der Stirn, und spuckte teilweise nur noch schaumige Galle.

Ich war ein Wrack. Cannabis ist und bleibt eine weiche Droge, aber auch extremer Cannabiskonsum kann eben extreme körperliche Folgen haben. Ich war zwar nie der Typ Kiffer, der aus dem Kiffen eine Art Religion machte, den Konsum abfeierte oder gar Baseballmützen mit Hanfblatt trug, aber auch ich konnte nicht länger leugnen, dass das Kiffen mehr und mehr zum Mittelpunkt meines Lebens wurde. Dank meines hochgetakteten Motors blieb ich zwar ein aktives Bürschchen, machte Musik und malte viel, aber natürlich ist es längst zu spät, wenn man seine Urlaubsziele nach der Sucht ausrichtet und einem der kalte Schweiß auf der Stirn steht, sobald man mal auf dem Trockenen sitzt. Aber mit 20 hatte ich das Gefühl, die Welt sei eine große Party, die nie enden wird. Die Phasen des Brechens wurden verdrängt, und solange ich täglich kiffte, konnte ich vermeiden, dass mir bewusst wurde, wie abhängig ich eigentlich wirklich war.

Und doch hatte ich immer mal wieder diese klaren Momente, in denen ich schwor, damit aufzuhören. Das schaffte ich auch immer wieder. Zumindest für eine kurze Zeit. Denn dummerweise funktioniert der Wahnsinn der Sucht so gut, dass ich schon nach wenigen Monaten der Enthaltsamkeit glaubte, alles im Griff und die volle Kontrolle zu haben, wenn ich jetzt wieder konsumieren würde. Fast überflüssig zu erwähnen, dass es jeweils nicht lange dauerte, bis aus dem Joint am Wochenende die tägliche Bong wurde. Es war ein völlig verrückter Kreislauf.

Glücklicherweise studierte ich trotzdem erfolgreich Grafikdesign in Stuttgart, danach wollte ich noch ein paar Semester Illustration im Ausland dranhängen. Als Kind wollte ich immer in die USA, aber einerseits war mein Bruder schon dahin emigriert, und andererseits war Georg W. Bush gerade auf seinem Höhepunkt und ließ das hässlichste Gesicht der USA aufblitzen. Dass das noch wesentlich hässlicher geht, hat ja damals niemand geahnt. Also fielen die Vereinigten Staaten aus dem Rennen, und recht schnell kam ich auf die Niederlande. Ich liebte die Hollandurlaube meiner Kindheit. Wir fuhren immer auf die Insel Texel, ein absolutes Idyll und bis heute einer meiner Lieblingsplätze. Holland galt als progressiv und weltoffen. Aber ich müsste lügen, wenn ich abstreiten würde, dass auch die holländische

Drogenpolitik ein entscheidender Faktor für meine Heimatwahl beziehungsweise meine Wahlheimat war. In Deutschland musste ich mich, wenn der befreundete Dealer mal nichts hatte, in Parks begeben und immer auf der Hut vor der Polizei bei zwielichtigen Gestalten mein Haschisch kaufen. Ständig hatte ich das Gefühl, kriminell zu sein, und wie ein Junkie fühlte ich mich zudem auch noch. In Holland konnte ich mich im Coffeeshop in die Schlange stellen. Hinter der Familienmutter und vor dem Anwalt. Und ich konnte mir da ganz legal – oder zumindest geduldet – mein qualitativ hochwertiges Gras kaufen. Das mag jetzt albern klingen, aber es macht einen sehr großen Unterschied, ob man sich noch als Teil der Gesellschaft versteht oder eben nicht. Ich ergatterte vorerst einen Praktikumsplatz bei einer TV-Produktionsfirma und schrieb mich an der Kunstakademie in Utrecht ein. Ich kannte niemanden in meiner neuen Heimat. Also radelte ich jeden Tag nach der Arbeit zum Coffeeshop und setzte mich an die Bar. Ich tratschte mit anderen Besuchern oder spielte Schach. Langsam baute ich mir in der Fremde einen Freundeskreis auf. Nur halt im Coffeeshop. Wenn man ständig von Kiffern umgeben ist, kommt einem die eigene Sucht nicht mehr wie ein Problem vor. Das ging einige Jahre gut, zumindest machte ich mir weis, dass alles bestens lief. Aber mit der Zeit wurde der Konsum immer ausufernder. Ich sparte mir meine Sucht vom Mund ab. Wenn mir jemand Geld lieh und ich wusste, dass ich erst zwei Tage später wieder Geld hatte, gab ich trotzdem das gesamte Geld für Gras aus und aß lieber drei Tage in Folge Reis ohne alles. Das hinterließ Spuren: Ich wurde dünner, und ich verlor dabei komplett meine Selbstachtung. Ich umgab mich teilweise mit sehr halbseidenen Menschen, verkehrte in Kreisen, vor denen andere Angst haben. Und dann erreichte ich einen Tiefpunkt und tat das einzig Richtige: Ich erkannte, dass ich Hilfe brauchte. Ich realisierte, dass ich das allein nicht schaffen würde. Ich sprach mit einer Tutorin, die mich an eine Suchtklinik in Amsterdam weitervermittelte. Ich musste auf Entzug! Ich hatte schreckliche Angst vor der Übelkeit, den Stimmungstiefs und der Welt, und wie sie wohl völlig nüchtern aussehen würde.

Die Zeit in der Klinik war nicht von langer Dauer und ich hab schon spaßigere Events erlebt, aber eigentlich war es viel harmloser, als ich erwartet hatte. Es mag vielleicht wie Schwäche wirken, dass man Hilfe braucht, um von etwas loszukommen, was man völlig ohne fremde Hilfe zugelassen hat. Aber wie so oft im Leben, kann das Erkennen der eigenen Schwäche die größte Stärke sein. Aus selbigem Grund gehe ich auch immer mal wieder zu Meetings der Narcotics Anonymous. Es erdet mich. Und auch, wenn zwischen meinen Laufanfängen und meiner Cannabissucht viele Jahre liegen, glaube ich, dass ich neben den Meetings das Laufen genauso brauche. Es hilft mir, die hässlichste Fratze des Mehr-Monsters nicht sehen zu müssen. Das Laufen ist beileibe keine Ersatzdroge. Ich denke, jeder suchtkranke Läufer wird mir da beipflichten. Es ist so viel leichter, den nächsten Joint anzuzünden, als sich die Laufschuhe zu schnüren. Auch das Runner's High hat in meinen Augen den Namen nicht verdient. Das Glücksgefühl beim Laufen ist so viel schöner und gleichzeitig ehrlicher, das kann keine Droge der Welt simulieren.

»**ES IST SO VIEL LEICHTER, DEN NÄCHSTEN JOINT ANZUZÜNDEN, ALS SICH DIE LAUFSCHUHE ZU SCHNÜREN. AUCH DAS RUNNER'S HIGH HAT IN MEINEN AUGEN DEN NAMEN NICHT VERDIENT, DAS GLÜCKSGEFÜHL BEIM LAUFEN IST SO VIEL SCHÖNER UND GLEICHZEITIG EHRLICHER, DAS KANN KEINE DROGE DER WELT SIMULIEREN.**«

DARF ICH MICH KURZ VORSTELLEN? ICH BIN DAS MEHR-MONSTER.

Ich bin so alt wie die Zeit selbst. Ich bin weder schlecht noch gut, sondern beides, und beides im Extremen.

Viele Menschen begegnen mir nie, andere werden öfter von mir heimgesucht, als ihnen lieb ist. Wen ich einmal gebissen habe, der will mehr. Viel mehr. Immer mehr.

Ich habe es geschafft, Menschen zu großartigen Erfindern zu machen, andere haben wegen mir ihr Leben in einer Bahnhofstoilette gelassen. Sie wollten noch ein letztes Mal dieses Mehr erfahren, und ihr letztes Mehr wurde durch eine Spritzenkanüle in ihre Adern gejagt und ließ sie zitternd krepieren. Ich bin der Durst, der nicht zu stillen ist. Der Hunger, den man nicht sättigen kann.

Mein Biss brachte Menschen dazu, Tage und Wochen auf Knien zu sitzen und aus Streichhölzern Kathedralen zu bauen. Danach war ich meist weg und kam nie wieder. Andere wiederum rannten, nachdem sich meine Zähne in ihr Fleisch gebohrt hatten, ins Kasino und verspielten Haus und Hof.

Viele Sportler haben mit meiner Hilfe Rekorde gebrochen. Berge wurden wegen mir erklommen und Tiefen durchlebt. Aber ich kann auch ganz harmlos sein, denn ich habe auch schon Schränke mit Briefmarkensammlungen gefüllt. Ich habe erwachsene Menschen das *Star-Wars*-Spielzeug für teuer Geld kaufen lassen, von dem sie als Jugendliche geträumt haben. Ich habe Leute so fett gemacht, dass sie ihr Bett nicht mehr verlassen konnten. Andere wiederum wollten mehr von Weniger und hungerten sich zu Tode.

Ich bin weder eine Gabe noch ein Segen. Ich muss kein Fluch sein, und manche lernen sogar, mit mir zu leben. Wenn man mich erkennt, ist das schon ein erster Schritt.

ALSO: DARF'S NOCH ETWAS MEHR SEIN?

#08

DAS ERSTE MAL

HIER KOMMT DER MARATHON-MAN

Der erste Marathon ist ein bisschen wie der erste Sex. Es dauert gefühlt ewig, bis es endlich so weit ist, und wenn es endlich so weit ist, ist man aufgeregt wie Sau. Aber egal, wie enttäuschend es schlussendlich sein mag, vergessen wird man dieses Erlebnis niemals. Ich hatte eigentlich nie vor, einen Marathon zu laufen, aber man hatte ja bekanntlich auch nie die Absicht, eine Mauer zu errichten. Ich war mehr als happy, dass ich den 10-Kilometer-Stadtlauf in Utrecht erfolgreich gemeistert hatte, und langsam fand ich Gefallen am Laufen. Ich erinnere mich noch sehr gut, wie ich meine übliche Runde um einige Kilometer verlängert habe, nach 15 Kilometern völlig ausgepowert meinen Vater anrief und ihm feierlich mitteilte, dass ich nie im Leben einen Marathon laufen würde.

Es muss nur wenige Wochen später gewesen sein, als ich meine Eltern im nahe gelegenen Loosdrecht besuchte. Loosdrecht ist ein kleines Wassersportörtchen in der Mitte Hollands, irgendwo zwischen Amsterdam und Utrecht, das von Seen umgeben ist. Durch vorherige Besuche wusste ich, dass eine Runde um den See vor dem Haus meiner Eltern ziemlich genau zehn Kilometer lang ist. Ich hatte mir für diesen Besuch etwas Besonderes vorgenommen. Ich wollte diesen verdammten See ganze 2-mal umrunden – am Stück. Also eine Distanz von 20 Kilometern auf die Uhr bringen. Es war ein kleiner Meilenstein für mich, und mein Vater machte sogar Fotos von meinem »Zieleinlauf«. Ich lief, bis meine Lauf-App die 21 Kilometer verkündete, was ja streng genommen noch nicht mal ein halber Marathon ist – ich war megaglücklich. Langsam wurde aus mir wohl doch ein richtiger Läufer! Megastolz postete ich das Zielfoto auf Facebook, und mein Bruder reagierte: »Jetzt ist es ja nur noch eine Frage der Zeit. Such einen Marathon raus, und ich laufe mit.«

Da er in den USA lebt, wurde aus dem Mitlaufen leider nie was, aber ich fühlte mich ein wenig überrumpelt, doch gleichzeitig seltsam angefixt. Es hatte doch niemand die Absicht, eine Mauer zu errichten. Warum drückt mir dann einer die Maurerkelle in die Hand? Außerdem war ein Marathon mehr als doppelt so lang wie meine doppelte Seeumrundung, und die hat mir bereits alle Kräfte geraubt. Als ich nach dem Mittagessen aufstehen wollte, muss ich ausgesehen haben wie ein 80-Jähriger mit Rheuma. Aber mein Bruder hatte da in mir etwas ins Rollen gebracht, was jetzt nicht mehr zu stoppen war.

Die Marathondistanz war für mich, trotz meiner Laufbegeisterung, in so weiter Ferne. Das war doch nicht meine Welt! Ich stand ja als Kind so oft am Wegesrand und habe gesehen, wie einige sich humpelnd oder mit Schaum vor dem Mund über die Strecke quälten. Das war etwas Extremes. Das konnte nicht gesund sein. Das war gefährlich. Also musste ich das unbedingt ausprobieren!

Ich kaufte mir ein Buch von Martin Grüning, in dem sich alles um das Laufen und das Trainieren für einen Marathon drehte. Ich lernte zum ersten Mal, was es mit den langen Läufen auf sich hatte und dass man für einen Marathon nie wirklich 42 Kilometer im Training laufen musste. Ich brauchte mehr Info! Ich abonnierte jede Laufzeitschrift, die es in Deutschland gab und grub mich komplett in das Thema ein. Ich wollte nichts dem Zufall überlassen.

Aber wo sollte ich meinen ersten Marathon laufen? Und wann? Ich wollte keine Weltreise machen und wollte auf jeden Fall wegen des positiven Publikumsfaktors in einer größeren Stadt laufen, und so landete ich schließlich beim Köln Marathon 2014. Ich hatte mehr als ein halbes Jahr Zeit, meine Umfänge über die 30 Kilometer zu bekommen. Unter der Woche lief ich brav meine 10-Kilometer-Runden, und am Wochenende ging ich die langen, langsamen Läufe an. Im Vergleich mit anderen sind auch meine kurzen Läufe langsam, aber ich mochte vor allem diese langen Läufe. Ich bewaffnete mich mit Energiegels, Wasser und MP3-Spieler, wie ein Supersoldat auf ganz spezieller Mission. So erkundete ich neues Terrain und erschloss mir so, Lauf für Lauf, das Umland, bis ich auch den letzten Trampelpfad erkundet hatte.

Der erste Marathon ist nicht nur körperlich eine Herausforderung, sondern auch mental. Ich hatte zwischenzeitlich so viel über diesen verdammten Mann mit dem Hammer gelesen und gehört, dass ich die Hosen irgendwann gestrichen voll hatte. Mein längster langer Lauf war 34 Kilometer lang. Es warteten in Köln also acht Kilometer Ungewissheit auf mich.

Zu meiner großen Freude kamen meine Eltern auch zum Marathon nach Köln. Ich war schon am Vortag aufgeregt,

MAMA
MEIN ERSTER MARATHON (2014), UND MEINE ELTERN BEGLEITEN MICH. DAS BEDEUTET MIR SEHR VIEL.

BEINAHE DA! KURZ VOR DEM ZIEL BEIM KÖLN MARATHON. RECHTS NEBEN MIR MEIN WASSERTRÄGER UND TRAUZEUGE BORIS.

fühlte mich wie ein Verrückter. Schmerzte da nicht plötzlich etwas im Knie? Hatte sich meine rechte Wade schon immer so seltsam angefühlt? Der Körper und der Geist spielten verrückt, und zwar in perfekt funktionierendem Teamwork. In der Nacht vor dem Marathon wurde ich gefühlt jede Stunde einmal kurz wach, und als der Wecker klingelte, war ich zwar komplett gerädert, aber trotzdem sofort hellwach. Der große Tag war endlich gekommen! Der unsportliche Dauerkiffer sollte heute das letzte Stadium der Transformation zum Marathoni erreichen. Zehn Jahre zuvor hätte ich das niemandem geglaubt. Ich hatte ja nicht mal eine Wette am Laufen. Ich tat diesen Unsinn hier umsonst und völlig freiwillig!

Vor dem Start traf ich meine Eltern und sie sagten mir, wo sie sich im Publikum postieren würden. Und ich stand da plötzlich zwischen all den anderen Teilnehmern. Im letzten Startblock für Omas, Opas, Dicke, Langsame und Neulinge. Eigentlich fehlten mir nur noch Enkelkinder, dann hätte ich alle genannten Kriterien gleichzeitig erfüllt. Es war aufregend. Ich lauschte den Gesprächen um mich herum. Das Ganze wurde von nerviger Musik untermalt – und einem noch nervigeren Sprecher, der sich redlich Mühe gab, mit ganz besonders lustigen und pfiffigen Sprüchen für Stimmung zu sorgen. In seinem Zeugnis müsste stehen: Er hat sich Mühe gegeben.

Nach einer gefühlten Ewigkeit durften auch wir langsam bis zur Startlinie vorlaufen. Ich stand ganz vorn. In der vor uns liegenden Kurve sah ich meinen Vater stehen. Da übermannten mich dann doch meine Emotionen. Die Anspannung, die Musik, die tolle Stimmung und dann – da vorn in der Menge! – meine Eltern. Eingequetscht zwischen den Leuten. Extra nach Köln gekommen, um ihren Sohn bei seinem ersten Marathon zu unterstützen. Ich merkte, wie sich eine Träne in meinem Auge bildete. Reiß dich, verdammte Scheiße, zusammen, du Memme!

Peng! Endlich auch der Startschuss für den Lahmarschpulk. Inzwischen liebe ich diesen Moment. Eben noch alle am Tratschen um mich herum. Einige schreien auch gern mal irgendeinen Schwachsinn in die Welt. Und dann entlädt sich alles mit dem Startschuss. Es ist auf der ganzen Welt und bei jedem Lauf im Grunde das Gleiche.

Wir Läufer wurden zu einer homogenen Masse. Nur noch das Publikum und der Startsprecher waren hörbar. In meinem direkten Umfeld herrschte fast totale Stille, nur eine fast schon musikalische Mischung aus rhythmischem Gestampfe und Atemgeräuschen war zu hören. Ich sah meine Eltern in der Kurve. Ich winkte kurz und ließ mich mit der Masse mittreiben. Es war majestätisch, die Rheinbrücke zu überqueren. Ich genoss das Publikum am Wegesrand und las begeistert jedes selbst gepinselte Schild. Obwohl mein Vater mich sicher 2.000-mal davor gewarnt hatte, merkte ich nach zehn Kilometern, dass ich viel zu schnell lief. Ich versuchte, das Tempo zu drosseln, und hatte schon fest mein zweites großes Etappenziel im Auge, nämlich meinen Freund Boris, der ab der Hälfte einsteigen und mich bis ins Ziel begleiten wollte. Nebenbei beobachtete ich vor allem meine Leidensgenossen und versuchte, ihr Schnaufen auf einer Skala zwischen hechelndem Hund und halb totem Darth Vader einzuordnen. Ab und zu versuchte ich, meine Zielzeit auszurechnen, aber: je mehr absolvierte Kilometer, desto mehr Matschbirne. Irgendwann hakte ich das ab, ich wollte einfach nur noch genießen. Es ist ja auch ein Luxus, wenn einem die Getränke wie einem König gereicht werden und man sich bezüglich der Streckenführung keinerlei Gedanken machen muss. Keine nervigen Ampeln oder kläffende Köter, die einem das Weiterkommen erschweren.

Bei Kilometer 21 stand dann schließlich auch mein guter Freund und Trauzeuge Boris am Wegesrand. Er wurde ab jetzt mein Wasserträger, der brav zu jedem Getränkeposten vorspurtete, um seine Flasche für uns aufzufüllen. Vor allem war er aber auch die perfekte Ablenkung. Allein laufen ist ja ganz nett, wird aber irgendwann langweilig und lenkt die Aufmerksamkeit unnötig auf die unangenehmen Seiten. Mit Boris hingegen konnte ich lachen und mich austauschen. Ich weiß nicht genau, bei welchem Kilometer es war, aber es muss im letzten Viertel gewesen sein, als ich noch ein bekanntes Gesicht an einem Getränkeposten sah. In wenigen Sekunden lief mein Hirn heiß: »Hey, den kenne ich! War der mit mir auf der Schule? Nein! O shit, den kenne ich zwar, aber nur aus dem Fernsehen.«

Kein Geringerer als Dirk Nowitzki reichte mir mein Wasser, was mich total flashte. Im Internat hatte ich mal eine recht intensive Basketballphase, und Dirk ist inzwischen nicht nur für deutsche Freunde des Sports eine absolute Legende. Das war eine sehr gelungene und willkommene Aktion.

Und dann plötzlich war es da: Neuland. Ich begab mich jenseits der 34 Kilometer. Jetzt wurde es spannend. Der Hammermann sollte sich ruhig zeigen, wenn er sich traute. Ich war bereit. Aber bis auf länger werdende Gehpausen an Verpflegungsstationen kam da niemand. Nicht mal der Ich-habe-keinen-Bock-mehr-Mann. Aber vielleicht ist das ja sowieso nur eine ehrlichere Bezeichnung für den Mann mit dem Hammer.

Wenige Kilometer vor dem Ziel wurde mir noch einmal mulmig, als ich sah, wie eine deutlich völlig überlastete Frau komische Schlangenlinien lief, aber zum Glück sofort von einem Ordner versorgt wurde. Meter für Meter wurde es immer lauter. Ein Blick auf die Uhr, und mir war klar, dass ich es doch nicht unter vier Stunden ins Ziel schaffen würde. Also belog ich mich, es gehe doch nur ums Finishen. Ich hatte damit Erfolg und genoss die letzten Straßenzüge. In der letzten Kurve erblickte ich wieder meinen Vater, und erneut war ich den Tränen nahe. Zu Glück hatte ich gar keine Zeit, um rumzuheulen, da die prunkvolle Zielgerade bereits vor mir lag und ich – zu feierlicher Musik – meinen Namen durch die Lautsprecher hörte.

Ich hatte es geschafft! Ich durfte mich jetzt Marathonläufer nennen. Ich war der glücklichste Mensch der Welt. In der folgenden Nacht war ich wieder total aufgeregt und konnte kaum schlafen. Weil ich so happy war. Nur das mit dem Treppen runterlaufen am nächsten Tag, das war weniger spaßig. Aber das ist eine andere Geschichte.

#09

FILM OHNE RISS

VON CELLULOID UND CELLULEUTEN

»Wollen wir ins Kino gehen?« Ich finde, es gibt fast keinen schöneren Satz als »Wollen wir ins Kino gehen?«. Maximal – und auch nur eventuell – getoppt von »Wollen wir ficken?«, aber wesentlich nobler und ohne dabei irgendwelche animalischen Triebe anzusprechen. Kein Satz triggert alle meine Sinne so sehr. Höre ich ihn, rieche ich förmlich das Popcorn, fühle den roten Samt des Kinostuhls, und ich spüre die Aufregung in der Magengegend, wenn ich dann im Saal sitze, das Licht langsam erlischt und die große Show, das große Abenteuer, auf der Leinwand beginnt.

Ich weiß nicht, ob es daran liegt, dass wir früher bei uns zu Hause viel weniger fernsehen durften als andere Kinder. Ich weiß nicht mal, ob dem wirklich so war. Zumindest waren wir, sehr zu meinem Unmut, sicherlich keine dieser Familien, wo der Fernseher grundsätzlich und immer vor sich her flimmerte, selbst wenn gerade niemand im Zimmer war. Wir durften auch lange nicht selber entscheiden, was und wann wir fernsahen. Wer jetzt glaubt, meine Eltern seien deshalb Feinde des Konzepts Film gewesen, der irrt. Schon sehr früh erzählte mein Vater ausgiebig von Filmen. Die Filme, die sich während dieser Erzählungen in meinem Kopf abspielten, waren meist wesentlich spannender als die echten Versionen aus Hollywood oder Europa. Die Rocker, mit denen sich Lino Ventura in *Der Rammbock* anlegte, waren in meinem Kinderkopf noch viel bedrohlicher als ihre Kollegen auf der Leinwand, und meine Gangster in *Zwölf Uhr mittags* waren um einiges gefährlicher. Meine Mutter schwärmte immer von *Spiel mir das Lied vom Tod,* und ich hielt als Kind oft die Hülle der Vinylscheibe in der Hand und lauschte dabei den großartigen Klängen Ennio Morricones, vor meinem geistigen Auge spielte sich dabei eines der ikonischsten Szenarien der Filmgeschichte ab. Die große Leinwand ermöglichte mir, in spannende Welten abzutauchen und die verrücktesten Abenteuer zu erleben. Die Welt hinter dem Celluloid bot Aliens, Zeitmaschinen, Monster und Verfolgungsjagden. Viel spannender als Lehrer, Spielplätze und Hausaufgaben. Ich bin mir fast sicher, dass wir die letzten Menschen auf diesem Planeten waren, die einen Videorekorder ihr eigen nannten, aber dieser Tag war einer der Höhepunkte meiner

Jugend. Um uns die extrem langweiligen Wochenenden in unserem Ferienhaus im Elsass zu versüßen, nahm mein Vater fortan regelmäßig Filme aus dem TV auf. Es ist wahrscheinlich überflüssig zu erwähnen, dass wir – ebenfalls als letzte Familie im Universum – nur öffentlich-rechtliches Fernsehen hatten und die meisten Filme deshalb eher Klassiker waren. Mein Vater beschriftete die Videokassetten mit der Abkürzung LKFKK gefolgt von einer Nummer. Ich führte eine Zeit lang eine Art Katalog: Unter die Nummern klebte ich Kurzreviews, die ich aus der *Stern TV*-Beilage ausgeschnitten hatte. Die Abkürzung LKFKK ist fast schon symbolisch für den Humor meines Vaters, der keine Gelegenheit ausließ, seine beiden Söhne liebevoll zu ärgern. Sie steht für »Leichte Kost für kleine Kinder«. Am schlimmsten war es immer, wenn die ersten 20 Minuten der Kassette statt eines Filmanfangs das Ende einer Fußball-Verlängerung zeigten, was unweigerlich zur Folge hatte, dass vor oder während des spannenden Filmfinales plötzlich ein rauschender Bildschirm zu sehen war. Ich weiß bis heute nicht, wie der Film *Saat der Gewalt* endet.

Als ich dann schließlich die Schule in Karlsruhe besuchte und auf dem Hinweg am Europaplatz auf meine Straßenbahn warten musste, studierte ich immer ausgiebig die Schaukästen des Universum Kinos. Die Filmstills waren ein kleines, kostenloses Häppchen Hollywood, sie beflügelten meine Fantasie, und manche dieser Fotos haben sich bis heute in meinem Kopf eingebrannt. Hatte ich eine Freistunde, stand ich regelmäßig in der Kaiserpassage und sah mir die Trailerschleife an, die auf dem kleinen Fernseher lief, der vor dem Kurbelkino in die Wand eingelassen war, und unermüdlich dieselben fünf bis sechs Trailer abspulte.

Wenn ich genügend Taschengeld hatte, musste ich ins Kino gehen, und wenn keiner meiner Freunde Zeit oder Lust hatte, ging ich eben allein. Ich durchlebte die goldene Zeit der Coming-of-Age-Filme. Jeden Donnerstagmorgen studierte ich die Kinoseite in der *BNN* (*Badische Neueste Nachrichten*) und betrachtete die kleinen Quadrate in schwarz-weiß. Ein kleines Bild, ein Titel und ein Satz reichten aus, um mich in Erregung zu versetzen. *Gremlins, Zurück in die Zukunft, E.T., L.I.S.A.– der helle Wahnsinn*. Alles Filme,

KING OF COMEDY
CARSTEN, DAS GRÜNDUNGSMITGLIED DES CELLULEUTE-PODCASTS.

DER FACHMANN
MEMO, LANGE ZEIT TEIL DES CELLULEUTE-PODCASTS, HAT INZWISCHEN EINE EIGENE FILMPRODUKTIONSFIRMA.

die mich bis heute prägen. Manche sah ich direkt im Kino, für andere war ich noch zu jung, also fieberte ich dem Moment entgegen, sie irgendwann auf Video sehen zu können.

Eines Tages fing ich damit an, meine Kinokarten aufzuheben. Ich klebte sie in einen kleinen Hefter ein und versah jeden Film mit einer Sternebewertung. Ich weiß beim besten Willen nicht, für wen oder warum ich das tat. Vielleicht ja für mich selbst? Aber dann für viele Jahre später. Dieser Gedanke kam mir zumindest, als ich den Hefter neulich auf dem Dachboden im Haus meiner Eltern fand.

In Sachen Filme ist bei mir also auch immer das »Mehr!« Programm gewesen. Ich kann mich nicht erinnern, jemals genug gehabt oder einen Kinobesuch abgesagt zu haben. Ich hatte nichts Besseres zu tun!

Als ich dann meine eigene Bude hatte, war ich Stammgast im Kino und in der Videothek, und mit dem Einzug der DVD in private Haushalte konnte ich mir meine ganz eigene Videothek zimmern. In meinem Filmpalast sind übrigens schon immer alle Genres gern gesehen gewesen. Vom Genrekino bis zur Dokumentation, vom Actionfilm bis zum Arthaus-Streifen.

Eines Tages las ich in einem Forum, in dem ich mich bis heute herumtreibe, etwas über einen Podcast. Ich wusste zwar ungefähr, was das war, hatte aber noch nie einen gehört. Ein Podcast ist im Grunde Talkradio, nur halt aus der Konserve. Eine Radioshow, in der über ein Thema gesprochen wird, die man sich aus dem Netz lädt und jederzeit anhören kann. Mein erstes Podcast-Hörerlebnis war ein Videospiel-Podcast, den ich aber todlangweilig fand. Mein zweiter Podcast war ein amerikanischer Film-Podcast. Ich war sofort hooked. Nicht, dass die Podcaster irgendwie besonders gute Entertainer gewesen wären, aber allein den Fakt, dass die sich fast zwei Stunden am Stück nur über Filme unterhielten, fand ich genial. Als Jugendlicher kaufte ich oft Filmzeitschriften, und jedes Mal, wenn im Radio mal ein Filmkritiker zu Wort kam, lauschte ich andächtig. Das Problem bei der Sache war aber, dass diese Filmkritiker meist nur sehr kurz zu Wort kamen. Weder im TV noch im Radio wurde der Sache so richtig auf den Grund gegangen. Das tolle an Podcasts ist aber, dass es keine zeitliche Begrenzung gibt, es keinen Redakteur gibt, vor dem man sich verantworten muss, man ist ganz generell komplett frei. Ich wusste es sofort: Das muss ich auch machen!

In dem Videospielforum, in dem ich fast täglich unterwegs war, lernte ich Carsten kennen. Carsten war gerade damit beschäftigt, einen foreneigenen Podcast auf die Beine zu stellen. Also fragte ich ihn, ob er mir helfen könne, einen Film-Podcast zum Laufen zu bekommen. Wir telefonierten bald darauf, und er bot mir an, die technische Seite zu übernehmen. Ich sagte, er solle doch auch gleich hinter dem Mikro mitwirken, und auch dazu war er bereit. Den Rest der Viererreruppe rekrutierte ich auch in jenem Forum. Ich wollte nicht in jeder Folge den gerade aktuellen Kinofilm besprechen, ich wollte verschiedene Genres und Themen in einer Art »Best of« zusammenfassen. So musste jeder zum Beispiel seine persönlichen Top-5-Actionfilme vorstellen. Anfangs holten wir sämtliche Hörer direkt im Forum ab, aber mit der Zeit stiegen die Zahlen ständig. Das Team formte sich um, da einige einfach keine Zeit oder keine Lust mehr hatten. Durch einen glücklichen Umstand lernte ich dann Memo kennen, der Film studiert hatte und damals bei Arte arbeitete. Ich fand ihn eloquent, witzig und dazu hatte er einen ausgezeichneten Filmgeschmack. Ich mochte ihn sofort. Den Cast bereicherte er unter anderem mit vielen Geheimtipps aus dem asiatischen Filmbereich. Dann kam noch Khalil dazu, der damals in einem Videospiel- und DVD-Laden arbeitete und ein ausgewiesener Experte im Bereich Trashfilm und Horror war. Carsten deckte den Bereich Filmnerd ab, der am liebsten Blockbuster und Science-Fiction-Filme guckt. Es war eigentlich die perfekte Mischung, ein Dream-Team sozusagen. Ich moderierte die Sendung und bemühte mich, das möglichst unterhaltsam zu tun, und auch, wenn wir sehr viel und oft lachten, nahmen wir unsere Liebe zum Film und das Medium selbst immer todernst. Hin und wieder hatten wir Bekannte von uns zu Gast, so zum Beispiel Etienne Gardé, der durch *NBC Giga* und *MTV Game One* über sehr viele Follower verfügte und auch Filmfan war. Immer öfter wurden wir bei iTunes, Apples Plattform für Podcasts, unter den Top-Podcasts präsentiert. Es muss eine Mischung aus solchen Multiplikatoren, dem gut funktionierenden Team, dem unermüdlichen Output und dem noch recht überschaubaren Markt gewesen sein, die uns, über kurz oder lang, in die obersten Regionen der Podcast-Charts katapultierte. Waren wir anfangs noch happy, 300 Downloads für eine Folge zu ergattern, mussten wir bald wegen Downloadzahlen im hohen fünfstelligen Bereich bei einigen Episoden in einer Nacht- und Nebel-Aktion den Webanbieter wechseln, da wir mehrere Terabyte pro Woche verbraucht hatten und uns üble Nachzahlungen drohten.

Es war verrückt: Eine Truppe Filmnerds fabriziert im heimischen Wohnzimmer einen Podcast und hat mehr Hörer als Podcasts, die von Radiosendern subventioniert und in professionellen Studios aufgenommen werden. Das Format war noch jung, und wir genossen die Freiheit, die wir gegenüber Radiosendern hatten. Wir konnten explizite Sprache verwenden, mal eben eine halbe Stunde komplett abschweifen oder Themen besprechen, die für viele ein zu heißes Eisen gewesen wären. Leider stiegen im Lauf der Jahre – teilweise aus Zeitgründen – Memo und Khalil aus. Ich suchte immer wieder nach Ersatz, aber es ist fast unmöglich, Leute zu ersetzen, die sich in einer Gruppe etabliert haben – und eben auch verdammt gut waren. Da kann der Ersatz noch so brillant sein, er wird nie den Platz seines Vorgängers einnehmen können. Man kennt das ja von Bands in der Musikwelt. Inzwischen caste ich fast nur noch mit Carsten allein. Er ist einer der liebsten Menschen, die ich kenne. Er kann keiner Fliege was zuleide tun, und ich mag es einfach, wenn unsere Weltbilder und unser Filmgeschmack kollidieren, denn wir sind in so vieler Hinsicht unterschiedliche Menschen mit komplett unterschiedlichen Weltanschauungen. Ich gehe noch immer mindestens einmal in der Woche ins Kino. Ich habe eine Flatrate-Karte und kann somit jederzeit in jeden Film gehen. Es ist jedes Mal wie ein kleiner Urlaub. Ein kleiner Urlaub vom Alltag und von der Familie. Ein kleiner Urlaub von einer hektischen Welt. Ich mag diesen Urlaub im Land der unbegrenzten Möglichkeiten, in dem es keine irdischen Gesetze gibt, in dem wirklich alles passieren kann und die Luft immer ganz leicht nach Popcorn duftet.

#10

JOHAN CRUYFF HATTE RECHT

ULTRALAUF MIT BEGLEITUNG

BEST FRIEND
DIE APFELSCHORLE, QUELL UNENDLICHEN GLÜCKS FÜR DEN ULTRALÄUFER.

Man hört diese Floskel ja andauernd: »Allein hätte ich das nie geschafft.« Oder auch gern genommen: »Ohne euch wäre mir das nie gelungen.« Man kennt sie, die Filmstars aus Hollywood, die bei ihrer Oscarrede einen kleinen Zettel auspacken und mit zitternder und bewegter Stimme Namen ablesen, die ihrer Meinung nach dafür verantwortlich waren, dass sie es bis hierhin geschafft haben. Ganz ehrlich, mir kommt das ein Stück weit auch immer wie gespielte Bescheidenheit vor.

Laufen ist ein Sport, den man vor allem allein ausübt. Wir müssen uns alle täglich ganz allein aus dem Bett quälen, um ganz allein unsere einsamen Runden zu drehen. Ab und an schafft man es mit einem Lauffreund, die Natur unsicher zu machen, aber wer Marathon oder gar Ultramarathon läuft, läuft sehr oft und somit auch die meiste Zeit allein.

Einzige Ausnahme sind lustigerweise unsere Saisonhöhepunkte, nämlich die Volksläufe, wo wir dann allerdings wieder förmlich übereinander stolpern, so eng sind wir da beisammen.

Wie oft quälte ich mich in den Monaten vor meinem großen Rhein-Abenteuer allein durch die Felder und Wälder Hollands? Die einzige Begleitung, die mir ein wenig Ablenkung verschaffte, waren mein MP3-Player und die Podcasts, die ich mir da draufgespielt hatte. Fast 700 Kilometer lang ist mein Lauf von Utrecht nach Karlsruhe. Viel Zeit, um das Alleinsein zu üben. Aber, Achtung, dicker Spoiler: Ich hätte das wohl nie ohne die vielen Begleiter geschafft! Und in dem Fall ist das nicht mal der Bescheidenheit geschuldet. Ist sowieso nicht so mein Ding.

Rafael begleitete mich ja die ersten Tage, und seine große Erfahrung war der ideale Nährboden. Das war superwichtig, denn er gab mir die nötigen Tipps und auch die Zuversicht, dass ich das schaffen könnte.

Direkt an der holländischen Grenze traf ich dann meinen Nachbarn Joost, der mich ganze vier Tage begleitete. Das war sehr nett, da ich gleichzeitig ein klein wenig eine Fremdenführerrolle übernahm. So eröffnete ich ihm die bis dahin verborgene Welt der Apfelschorle. Ganz nebenbei eines der edelsten Getränke, die es gibt, und genau wie Spezi ein Durstlöscher, der es nie aus dem deutschsprachigen Raum hinausgeschafft hat.

MOBILE VERPFLEGUNG
NANE, SIE VERSORGTE MICH AB DÜSSELDORF MIT LECKEREIEN UND GEISTIGER NAHRUNG AUF DER TAGESETAPPE DES HOME2HOME.

HOME2HOME-BUDDIES
MIT JOOST MORGENS IN DÜSSELDORF AM FÜNFTEN TAG DES HOME2HOME.

Da ich über soziale Medien dazu aufrief, meldeten sich im Vorfeld auch sehr viele Leute, die ich nicht persönlich kannte, die mich aber ein Stück begleiten wollten. So gab es zum Beispiel einen Podcast-Hörer, der mitten in der Nacht aufstand, mehrere Stunden mit dem Auto zurücklegte, ein Fahrrad entlang der Strecke bunkerte und dann pünktlich um 6 Uhr vor dem Hotel stand, um uns die zehn Kilometer bis zu seinem Rad zu begleiten. Das nenne ich Einsatz! Nachdem Joost und ich uns von ihm verabschiedeten und gegen 8 Uhr morgens Düsseldorf erreichten, saß da auf einmal Nane vor uns auf ihrem Fahrrad. Sie hatte Apfelschorle und selbst gebackenen Kuchen in ihrem Rucksack. Yeah, Apfelschorle! Luxus pur! Habe ich schon erwähnt, dass ich ein großer Fan dieses Mischgetränks bin? Es war ein toller Morgen. Während in Düsseldorf der morgendliche Verkehr einen hektischen Höhepunkt zu erreichen schien, so mit allem Drum und Dran, hupenden Autos im Stau, gestressten, aber noch müden Gesichtern, hatten wir bereits 20 Kilometer in der Tasche, waren tiefenentspannt und hatten mal eben so eine Fahrradbegleitung ergattert. Wenn man läuft, dann läufts – oder so ähnlich.

Nane war eine große Hilfe. Nicht nur, weil Nane mich die ganze Zeit mit interessanten Unterhaltungen ablenkte, sondern auch, weil sie das auf einem Fahrrad sitzend tat. Im Gegensatz zu einer laufenden Begleitung wird man nicht durch ständiges Schnaufen des Gegenübers daran erinnert, dass man ja gerade Sport macht. Ich konnte mich mit Nane also super gechillt unterhalten, und die Zeit und die Kilometer vergingen wie im Flug.

An einem anderen Tag stand, mitten in der Einsamkeit, so 25 Kilometer vor Koblenz, Nico am Wegesrand. Nico war Student und Celluleute-Hörer, hatte sich auf meinen Facebook-Aufruf hin gemeldet und freute sich, mit mir ein wenig über Filme plaudern zu können. Er erzählte von seiner Vorliebe für Horrorfilme. Immer wieder bekomme ich das Feedback, dass unsere Hörer oft unter der Einseitigkeit des Mediums leiden und gern mitreden würden. Eventuell wollen sie aber auch einfach nur heftig widersprechen bei dem ganzen Unsinn, den wir von uns geben. Nico war bisher nie mehr als 20 Kilometer gelaufen, hatte aber vor, bis Koblenz

GETEILTE FREUDE
NICO, EIN PODCAST-HÖRER, BEGLEITETE MICH ZWEI TAGE BEIM HOME2HOME-RUN. HIER AUF DEM TEILSTÜCK NAHE DER LORELEI.

mitzulaufen und dann zu schauen, ob er am folgenden Tag überhaupt noch laufen könne.

Es war wieder einer dieser unerträglich heißen Tage. Ich hatte zum ersten Mal auf der Strecke echte Probleme. Meine Füße schmerzten sehr, und ich wechselte erstmals während einer Etappe die Schuhe. Ich muss gestehen, dass für mich Koblenz immer ein absolut nichtssagendes Städtchen war. Ein Stopp auf der Bahnstrecke. Irgendeine Kleinstadt eben. Aber als wir die lange Kurve aufs Deutsche Eck zuliefen, wo Mosel und Rhein sich vereinen, und auf einmal die imposante Statue von Wilhelm I. da vom anderen Ufer zu uns rüberblickte, war ich schon beeindruckt. Wir gingen danach noch lecker zusammen essen und verabredeten uns für den folgenden Morgen.

Ich war ein klein wenig überrascht, dass Nico dann tatsächlich in aller Herrgottsfrühe vor dem Hotel stand. Er wollte mal gucken, wie weit er es heute schaffen würde. Es war, wie so oft auf dieser Laufreise, ein wunderschöner Morgen. Ich bereue es, dass ich so eine faule Sau bin und mir diesen göttlichen Moment des Sonnenaufgangs nicht täglich gönne. Also, um mal ganz ehrlich zu sein, habe ich wahrscheinlich seitdem keinen einzigen sommerlichen Sonnenaufgang mehr mitgemacht. Shame on me! Nico erzählte mir von seinem Plan, im Herbst desselben Jahres noch seinen ersten Marathon laufen zu wollen. Na, dann war das hier ja das perfekte Training. Und er hielt trotz der Belastung vom Vortag sehr gut durch. Nach 20 Kilometern gesellte sich Tim zu uns. Er ist ein erfahrener und durchtrainierter Trailläufer und spielte den Wasserträger. Okay, den Apfelschorlenträger, aber wir wollen uns ja nicht in Details verlieren.

Keine Ahnung, ob das schon zur Sprache kam, aber Apfelschorle ist ein idealer und sogar isotonischer Durstlöscher, der sich perfekt für lange Läufe eignet. Immer wieder hüpfte Tim davon und kam mit frischer Apfelschorle zurück. Was ein Service. Über die Lorelei habe ich mich an anderer Stelle ja schon ausgelassen, aber auch die passierten wir gemeinsam. Und schwuppdiwupp – war der gute Nico dann plötzlich jenseits der Marathondistanz. Das ist doch irgendwie verrückt. Da war er mir, wie jeder Begleiter, so eine gute Stütze, um die Monotonie meiner Routine ein wenig erträglicher

TRIO MIT SECHS BEINEN
TIM, DER WASSERTRÄGER, UND NICO, DER GERADE SEINE ERSTE MARATHONDISTANZ GELAUFEN IST, AUF DEM HOME2HOME IN DER ERSTEN WOCHE.

DURCH DIE HITZE DER WEINBERGE
DER PODCAST-HÖRER SIMON BEGLEITETE MICH AUF DER HOME2HOME-ETAPPE VON MAINZ NACH WORMS.

zu machen, und ohne es zu merken, pacete ich ihn bei seinem ersten Marathon. Eine Hand wäscht die andere.

Leider hörte ich von Nico ein paar Monate später, dass er vom Arzt zu hören kriegte, dass er keinen Marathon mehr laufen darf. Irgendeine Fehlstellung im Rücken.

Mainz bleibt mir ebenfalls in besonderer Erinnerung. Ich checkte dort in ein Hotel ein, das die Spitze der gruseligsten Hotels meiner Laufreise easy errungen hat. Was auf dem Foto im Internet noch nach einem stattlichen Hotel aussah, war eine riesige Bruchbude, die wirkte, als sei auf diesem Fleckchen Erde die Zeit stehen geblieben. Was aber wirklich creepy war: Am Telefon hatte man mir versichert, ich müsse nicht reservieren, ich sei sowieso der einzige Gast an diesem Sonntag. Ich bekam dann aber ein Zimmer irgendwo im fünften Stock, am Ende eines langen Ganges. Die Wände des schmalen Ganges waren mit giftgrünem Teppich bekleidet. Wollte mich hier jemand ermorden? Warum hatte ich den längstmöglichen Fluchtweg? Warum sah hier alles so aus, als ob Stephen King seine Finger im Spiel hatte? Zum ersten und einzigen Mal auf der Reise schloss ich mein Hotelzimmer von innen ab. Ich habe wohl zu viele Horrorfilme gesehen, habe mich zu oft über die Nachlässigkeit der Protagonisten lustig gemacht, um hier jetzt den harten Mann zu spielen. Better safe than sorry. Better safe than cut into pieces!

Ich überlebte die Nacht. Für den folgenden Morgen hatte sich ein Simon angemeldet. Und auch der stand pünktlich vor meinem Hotel. Im Gegensatz zu einem durchwinterten Marathonläufer in Funktionskleidung stand da allerdings ein sehr junger Mann, eigentlich ein Junge, in weißem Baumwollshirt mit einer mit Wasser gefüllten 1,5-Liter-Cola-light-Flasche. Das konnte ja heiter werden. Okay, er war sogar schon einmal einen Halbmarathon gelaufen. Auch er war Celluleute-Hörer, und so beherrschten Filme die ersten Gespräche. Er studierte in Mainz und war sich gar nicht sicher, wie weit er mit mir laufen wollte. Auf der Etappe an diesem Tag verloren wir oft den Rhein aus den Augen, und die App – beziehungsweise der von ihr gewählte Radweg – scheuchte uns durch Dörfer und durch staubige, trockene Weinberge. Irgendwann gesellte sich wieder

mal eine Fahrradbegleitung zu uns. Es war Heiko, aber ich nannte ihn einfach immer Bradley Cooper, er war dem Schauspieler sehr ähnlich, und ich fand's irgendwie lustig. Auch Simon wuchs über sich hinaus, denn er hatte bei Halbmarathondistanz noch immer nicht genug. Bei Kilometer 30 musste ich ihn fast zwingen, sein erstes Energiegel zu sich zu nehmen. Ich fühlte mich ein wenig für ihn verantwortlich. Es war ein harter Tag. Es war ein heißer Tag. Aber Simon lief weiterhin tapfer neben mir her. Auch die Marathonmarke blieb erst mal nur eine Randnotiz. Schlussendlich lief Simon stolze 54 Kilometer an meiner Seite von Mainz nach Worms. Ich habe den Ultramarathonläufer in ihm entjungfert. Unglaublich. Meinen allertiefsten Respekt!

Ich hatte nur einen Tag zuvor auf der Etappe von Oberwesel nach Mainz gemerkt, wie wichtig eine Laufbegleitung sein kann. Denn ich hatte an diesem Tag keine. Es war die Hölle. Die ersten zwei Stunden sind eigentlich immer leicht. Die aufgehende Sonne, die zwitschernden Vögel und die Aufregung des Abenteuers. Yeah, ein neuer Tag! Aber irgendwann fängt die Erschöpfung an und drängt sich auf den Regiestuhl. Es gibt ja Tausende Tricks im Buch des Ultralaufzaubermeisters. Ich bin ein Freund von Etappen setzen. Bis zur nächsten Bäckerei. Bis zur nächsten Apfelschorle (übrigens ein sehr leckeres Getränk). Nachdem das nicht mehr funktionierte, mussten aber andere Hilfsmittel her. Ich versuchte mich an der Robert-Wimmer-Taktik. Der erzählte mir mal, als er bei mir im Podcast zu Gast war, dass er in solchen Situationen ein Stoßgebet vor sich hinsagt. »Du willst das, du kannst das, du schaffst das!« Ich wollte das, ich konnte es ja auch eigentlich, aber nach der 20. Wiederholung beschlich mich die Angst, ich könnte geisteskrank werden.

Irgendwann setzte ich mich auf einen kleinen Felsen an einem Aussichtspunkt, und mir war zum Heulen zumute. Ich postete auf Facebook, wie schwer ich es doch hätte. Ich alte, jammernde Attention-Whore. Ich hätte mich am liebsten auf der Stelle hingelegt und wäre einfach gestorben. Es waren noch locker 20 Kilometer. Eigentlich ja ein Katzensprung, aber wenn man schon mehr als 30 Kilometer in den Beinen hat und mental schwach ist, wirkt das wie eine Distanz aus einem anderen Universum. Ich hätte natürlich mein Zelt aufbauen können, aber ich Hoschek hatte mir ja bereits ein Zimmer im Horrorhotel in Mainz gebucht. Hey, das ist sowieso mein bester Tipp für ein zügiges Vorankommen: Buch dir ein Hotel in mindestens 50 Kilometer Entfernung, dann hast du gar keine andere Wahl, du musst da hin. Aber mit ein wenig Ablenkung geht das doch irgendwie einfacher. Das hier hatte etwas von Einzelhaft. Man läuft Gefahr, dass man bescheuert wird. Obwohl die Gefängnisse in den USA der blanke Horror sind, Morde an der Tagesordnung, komplizierte Hierarchien, ständige Vorsicht geboten ist, weisen sich nur die Kinderschänder und Snitches in die Isolationszelle ein, um ihr Leben zu schützen. Der Mensch scheint wohl lieber in einer Vorhölle zu leben, als sich selbst überlassen zu sein. Und gerade bei solch langen Läufen merke ich, wie sehr auch ich die Gesellschaft anderer Menschen benötige.

Es hat also herzlich wenig mit Bescheidenheit zu tun, wenn ich behaupte, dass ich es vielleicht nie ohne meine vielen Begleiter geschafft hätte. Die Mischung aus bekannten und fremden Gesichtern war für mich ideal. Während ich mit meinem alten Freund und Trauzeugen Boris über ganz persönliche Dinge plaudern konnte, war ich bei anderen damit beschäftigt, sie kennenzulernen. Jeder hat mir unheimlich geholfen. Jedem gebührt mein unendlicher Dank. Geteiltes Leid ist halbes Leid, und sie haben mir mein Leiden wahrlich vereinfacht.

Der holländische Fußballstar Johan Cruyff sagte mal: »Du musst es gemeinsam tun, allein schaffst du nichts!« Er hatte recht!

#11

GRENZEN SPRENGEN MIT ROMAN

SITZEN EIN ÖSTERREICHER UND EIN DEUTSCHER AN DER BAR ...

Roman ist einer meiner besten Freunde. Vielleicht sogar mein bester. Ich lernte ihn im Internat kennen. Er war mir auf Anhieb sympathisch. Er war lustig, er gehörte nicht zu den »coolen Kids«, beziehungsweise zu denen, die sich dafür hielten, er hatte diesen seltsamen österreichischen Akzent, und er war für jede Schandtat zu haben. Außerdem war er ein besonders begabter Cellist, wodurch er ein Stipendium auf unserer Schule ergatterte. Wir waren beide in der zehnten Klasse, als wir einander kennenlernten. Es dauerte nicht lange, und wir waren Freunde. Es wäre gelogen zu behaupten, dass er schon damals mein dickster Freund gewesen sei, aber er gehörte zu einer Handvoll guter Freunde, die ich in meiner Internatszeit hatte. Einen der wenigen Alkoholexzesse meiner Jugend erlebte ich mit ihm, und auch sonst erlebten wir viele kleine lustige Abenteuer.

Unsere Freundschaft überlebte selbst das gemeinsame Interesse an ein und derselben Frau auf einem Schulfest. Roman war ein fairer Verlierer, auch wenn er selbst dann noch nicht aufgegeben hatte, als die Schlacht schon lange geschlagen war. So verfolgte er mich und meine Eroberung durch ein Wäldchen, und wir flüchteten regelrecht vor ihm, als ob wir Kinder wären, die Fangen spielten. Das war aber scheinbar für ihn noch lange kein Zeichen zur Aufgabe. Die Ansage »Wir rennen hier nicht zum Spaß vor dir weg! Lass uns verdammt noch mal allein!« wäre wohl angebracht gewesen.

Ein anderes Mal schminkten wir uns eine ganze Woche lang die Lippen. Ich war weder ein heimlicher Transvestit noch anderweitig auf der Suche nach sexueller Orientierung. Ich fand einfach großen Gefallen an dem Film *Rocky Horror Picture Show* und fand es lustig, wie verstört unser Umfeld teilweise auf unser Äußeres reagierte. Don't dream it, be it! Ich war in dem Alter, in dem man einfach gern rebelliert, und der Birklehof, so hieß die Internatsschule, war der ideale Spielplatz, um Grenzen auszutesten. Wir befanden uns da in einem Mikrokosmos. Viele coole Leute aus dem gesamten Bundesgebiet, zusammen in der Abgeschiedenheit der Berge des Hochschwarzwaldes. Man war so weit ab vom Schuss, dass man sich eigentlich seinen Ruf nicht versauen konnte. Ich liebte die Internatszeit. Ich hasste die Internatszeit. Ich vermisse die Menschen, den Zusammenhalt, sogar den Schmerz und den Kummer, die Freude und die Jugend, das Verliebtsein und die Einsamkeit gleichermaßen.

Die Jahre waren wie ein komprimierter Coming-of-Age-Film auf Steroiden. Als hätte man die Jugend mit allem, was sie schön und zugleich hässlich macht, noch mal durch einen Verstärker gejagt. Es hat mich geprägt. Und jeder und jede, der diese Zeit miterlebte, hat einen besonderen Platz in meinem Herzen. So war es dann auch ein ambivalentes Erlebnis, als ich zur zwölften Klasse wieder nach Karlsruhe ging. Ich wollte unbedingt einen Kunst-Leistungskurs belegen, und der wurde am Birklehof nicht angeboten. Zudem wollte ich endlich wieder bei meiner damaligen Freundin sein.

Roman und ich verloren uns aus den Augen. Es war die Zeit vor sozialen Medien, E-Mails und Handys. Oft dachte ich an unsere gemeinsamen Zeiten, unternahm aber nie große Anstrengungen, um ihn wiederzusehen.

Es dauerte mehr als zehn Jahre, bis wir uns wieder fanden. Es wurden Mails und die wichtigsten Infos ausgetauscht. Man kennt das ja, die ganze Mein-Haus,-mein-Boot,-mein-Pferd-und-meine-Pferdepflegerin-Nummer. Glücklicherweise hatte ich zu dieser Zeit eine Galerie in Wien aufgetan, und so sahen wir uns immer mal wieder, wenn ich für Vernissagen vor Ort war. Gute Freundschaften erkennt man daran, dass man – unabhängig davon, wie lange man keinen Kontakt hatte – sofort wieder vertraut miteinander ist und man komplett man selbst sein kann. Diesen Kriterien zufolge war unsere Freundschaft geradezu ideal. Wir redeten immer bis spät in die Nacht, tauschten Anekdoten aus oder zeigten einander Musik, die wir besonders mochten. Eines Abends saßen wir wieder in seiner Zweizimmerwohnung, die im Grunde ein Musikstudio mit angehängter Küche war. Da ich seit etwa einem halben Jahr voll im Celluleute-Podcast aufging und generell, was Podcasts anging, voll im Bann des Mehr-Monsters war, textete ich ihn munter zu. Ich zeigte ihm Podcast-Ausschnitte meiner Lieblings-Podcaster, erzählte ihm von Konzepten und Ideen für neue Podcasts und probierte immer wieder, ihn für so eine Idee zu gewinnen. Wie so oft, wenn ein eher gemütlicher und zuweilen prokrastinierender Mensch auf Mister Vollepulle trifft, sanken mit fortgeschrittener Stunde und zunehmender Wortanzahl immer wieder Romans Augenlider. Manchmal schlief er sogar ein, während ich ihm gerade die spannendsten Geschichten erzählte. An diesem Abend musste ich ihn sogar mehrmals wecken, obwohl unser Gespräch inzwischen beim Thema Beziehungen mit ehemals guten weiblichen Freunden angekommen war. Das ist doch ein hoch spannendes Thema. Ich glaube, dass die besten Beziehungen aus Freundschaften erwachsen, da man sich dort nicht verstellt und die andere, die wahre Person kennenlernt. Ganz anders als in normalen Dating-Situationen. Meine Frau war lange mein bester Kumpel.

Roman erzählte, dass er mal Sex mit einer guten Freundin hatte. Einfach nur Sex? Ich wollte wissen, wie das war, und Roman entgegnete: »Na ja, ich hab das Schnürderl festgehalten und ihn reingesteckt!« Was meinte er mit Schnürderl? War das wieder so ein Eingeborenenwort wie Schlagobers? Nein, sagte er, er meine doch das Schnürderl, also diesen hellblauen Bindfaden eines Tampons. O mein Gott! Sofort poppten in meinem Kopf Tausende Fragen auf. Warum bitte festhalten und nicht rausziehen? Gab es da nicht Platzprobleme? Hat er das Ganze mit der Besitzerin des besagten Schnürderls abgesprochen? Er wollte gerade ansetzen und mir alles en détail erklären, da rief ich: »Halt! Wir sitzen hier verdammt noch mal in einem Studio. Vor uns steht ein Mischpult und da sind Mikrofone. Wir nehmen das Ganze jetzt einfach auf, und du erzählst mir noch mal in Ruhe die Geschichte und beantwortest dann meine Fragen. Das hier ist Comedy-Gold! Das wird der perfekte Podcast!« Kurz darauf rollte die Aufnahme zu unserem ersten Podcast. Völlig aus dem Stegreif. Wir hatten nicht mal einen Namen oder ein besonderes Konzept. Bis heute kann man den Podcast am besten mit »Wie sich zwei gute Freunde unterhalten, wenn sie sich unbeobachtet wähnen« beschreiben. Auch die Beschreibung eines Hörers finde ich passend: »niveaulos mit Niveau«. Da finde ich mich wieder.

An jenem Wochenende nahmen wir noch zwei weitere Folgen auf. In der dritten Folge fanden und verkündeten wir dann auch den Namen: Happday Podcast. Als Namensgeber diente ein Tetra-Pak-Apfelsaft. Allerlei Geschichten fanden in dem

HAPPY DAY
ROMAN UND ICH AUF DEM WEG ZU UNSEREM ERSTEN LIVE GIG IN MÜNSTER. 2013.

NOT SO HAPPY DAY
ROMAN, NACHDEM ER SEINE WETTSCHULDEN BEZAHLTE UND SICH HALBSEITIG DEN KOPF RASIERTE.

neuen Podcast-Format Platz, auch die, in der ich erzählte, wie ich mal versuchte, Beischlaf mit meinem Teddybären zu haben. Ich musste erschreckt feststellen, dass er mit Tausenden kleinen Styroporkugeln gefüllt war. Um es kurz zu machen: Es kam nie zum Akt zwischen dem Teddy und mir.

Wir warteten noch eine Woche, fragten Freunde, ob man das so überhaupt rausbringen kann, und gingen dann online. Ich hatte tierische Angst, dass iTunes, also Apples Podcast-Plattform, den Podcast wegen Obszönitäten nicht veröffentlicht. Aber alles ging gut, und wenige Tage später war der Podcast online. Unsere Downloadzahlen stiegen im ersten Jahr von wenigen Hundert bis in fünfstellige Bereiche. Das Konzept, ohne jegliche Grenzen und völlig ungeniert über Jugendsünden, misslungene Sexabenteuer und andere Peinlichkeiten authentisch und ohne Blatt vor dem Mund zu reden, ging voll auf. Ab und zu ließ ich mir spezielle Themen, Spiele oder anderweitigen Schabernack einfallen, die wir im Cast behandelten. Roman wiederum ging meist unvorbereitet in die Sendung und musste nur reagieren. Das kam seiner eher relaxten Arbeitshaltung damals zugute, und meinem Übereifer kam das auch entgegen. Roman wiederum bastelte die musikalischen Einspieler, die teilweise genial waren. Er ist ein begnadeter Musiker, dessen Talent weit über das Spielen des Cellos hinausgeht. Er hat einen ganz speziellen Witz, den man nur schwer beschreiben kann. Praktischerweise konnte er auch unsere Casts immer höchst professionell schneiden. Simon Krätschmer von MTV GameOne, der im selben Videospieleforum wie ich unterwegs war, stolperte wohl irgendwann auch über unseren Podcast, und er schien ihm sehr zu gefallen, denn er schrieb einen netten Kommentar dazu auf Twitter und gab uns damit einen von vielen Boosts, ohne die wir wohl nie so erfolgreich geworden wären.

Eines Tages hatte ich die Idee, dass man den Cast ja auch mal vor Publikum stattfinden lassen könnte. Einen Live-Podcast? Ich hatte nur von einem einzigen Podcast in Deutschland gehört, der das bis zu diesem Zeitpunkt vollbracht hatte, und das war ein reiner Computer-Gadget-Cast. Ich hatte schon immer damit geliebäugelt vor Publikum rumzublödeln, der Happyday-Podcast eignete sich dafür ideal. Wir organisierten über einen Hörer eine Location in Münster, und ein halbes Jahr später standen wir vor einem ausverkauften Saal. Ich war unglaublich aufgeregt. Da wir unserem Konzept treu bleiben wollten – Roman geht völlig unvorbereitet ins Rennen –, konnte ich keinen einzigen Gag, kein einziges Spiel, eigentlich nichts im Vorfeld mit Roman absprechen, testen oder timen. Einzig einen Punkt hatten wir vorher zusammen geplant und auch im Podcast angekündigt: Wir wollten einen Wettstreit aufführen, in dem man den anderen in einer bestimmten Zeit zum Lachen bringen musste. Der Verlierer musste sich noch auf der Bühne eine sehr lächerliche Frisur schneiden lassen. In Romans Fall die rechte Hälfte des Kopfes kahl, in meinem Fall eine Clownsfrisur – so sind wir übrigens auf dem Foto des Logos zu sehen. Wir beide sind bei solchen Sachen schon fast lächerlich kompetitiv. Ich wusste aber, dass Roman – faul wie er war – sich kaum oder gar nicht auf das Spiel vorbereiten würde. Ich wiederum wollte nichts dem Zufall überlassen. So verwurstete ich ein Gespräch aus dem Cast, in dem wir uns fragten, ob wir mit einem Schaf Sex haben würden, wenn wir die einzigen Lebewesen auf dem Planeten wären. Ich suchte in Online-Sexshops nach einem Schaf und wurde tatsächlich fündig. Auf die Perversität des Menschen ist eben Verlass. Ich ergatterte eine aufblasbare Schaf-Sexpuppe, die »mäh« rief, wenn man in sie eindrang. Um dieses Geräusch auf der Bühne hörbar zu machen, ohne alle Grenzen der Scham zu sprengen, kaufte ich noch einen großen Gummipenis, den ich mir vorher in die Unterhose schmuggeln wollte. Für den restlichen Teil des Abends bereitete ich ein Rollenspiel vor, in dem Roman alle möglichen Abenteuer und Challenges bestehen musste. Auch wenn ich durch die Jahre als Rap-Künstler durchaus Bühnenerfahrung hatte, merkte ich, wie ich immer aufgeregter wurde, je näher der Auftritt kam. Was, wenn niemand auch nur ein einziges Mal lachen würde? Was, wenn ich mich völlig verschätzt hatte und das gesamte Bühnenprogramm nach einer Stunde vorbei war? Was erwarteten die Leute überhaupt von so einem Live-Podcast?

Dann war der Tag des großen Auftritts plötzlich da. Tagsüber konnten wir mit Daniel Paterok, der uns musikalisch begleitete, in Ruhe proben. Da ich geradezu faszinierend schlecht singe, ohne da jemals etwas for Comedy's Sake faken zu müssen, beschlossen wir, dass ich Frank Sinatras *It was a very good year* zum Besten geben sollte. Das trällerte ich ein paarmal mehr schlecht als recht vor mich hin. Ansonsten konnten wir im Grunde nichts proben oder ausprobieren. Die Last und der Druck auf meinen Schultern fühlten sich immens an. Doch als es dann endlich losging, war alles verflogen. Das brachte Spaß! Das Abenteuer, das ich vorbereitet hatte und in dem Roman mithilfe einer Zeitmaschine alle möglichen Probleme lösen musste, funktionierte perfekt. Wir tanzten und blödelten uns durch die Show und lasen zur Erholung Leserbriefe, um auch ein wenig das ganz normale Podcast-Feeling auf die Bühne zu transportieren. Am Ende kam dann unsere große Nicht-Lachen-Challenge. Es war ein seltsames Gefühl, als ich mit Augenbinde auf der Bühne saß und mein Kontrahent sich hörbar umzog, das Publikum bereits laut lachte und ich keinen blassen Schimmer hatte, was mich erwartete. Auch wenn der Kontext natürlich ein lustiger war, war der Adrenalinausstoß mit einer Achterbahnfahrt vergleichbar. Es ging ja auch um was. Keiner von uns hatte Bock, diese Vollidiotenfrisur zu tragen, die wir jeweils beide viele Jahre zuvor aus Spaß getragen hatten. Als Lach-Schiedsrichter hatten wir uns jemanden aus dem Publikum geschnappt. Noch bis heute besteht Uneinigkeit darüber, ob Roman an der ein oder anderen Stelle lachte – oder eben nicht. Erwähnte ich bereits, dass wir sehr kompetitiv sind? Ich gewann. Wahrscheinlich, weil Roman einmal geistesabwesend etwas zu höflich grinste und der Schiedsrichter knallhart war. Mein Schaf hat sicher auch geholfen. Egal, warum, ich gewann natürlich völlig zu Recht. Ich hätte Roman sogar noch verschont, aber das Publikum wollte Blut sehen, beziehungsweise Kopfhaut. Noch auf der Bühne schnitt ich Roman die eine Seite seines Kopfes kahl.

Das Ganze ist jetzt viele Jahre her. Inzwischen gibt es mehr Podcasts als Bundesbürger, und wir sind mit Happyday auch längst nicht mehr Dauergast auf den vorderen Plätzen der Podcast-Charts. Aber wir haben eine feste Hörerschaft. Wir sind Jahre später sogar mal auf eine kleine Tour gegangen. Und wir haben noch viele Folgen aufgenommen. Wir machen das immer noch. Es muss doch noch die ein oder andere Grenze geben, die man über-

HAPPY DAY!
WIR PODCASTER SIND NICHT DIE EINZIGEN,
DIE EINEN GUTEN TAG VERSPRECHEN.

schreiten kann! Ich brauche das auch. Wem sollte ich denn sonst meine kleinen Peinlichkeiten erzählen, die mir im Alltag passieren? Mit wem soll ich denn sonst über schmutzige Fantasien philosophieren? Mir bringt es noch immer unglaublich viel Spaß, mit Roman zu podcasten, und außerdem können wir so nebenbei diese tolle Freundschaft, trotz der großen Distanz zwischen uns, aufrechterhalten. Alle zwei Wochen sitzt er in Wien vor dem Rechner, während ich dies in Utrecht tue, und wir erzählen uns über ein Skype-Fenster, was uns in den vergangenen Wochen widerfahren ist. Das macht mich happy.

#12

'S PFERDLE RIECHT DE STALL

80 KILOMETER DURCH DIE ALTE HEIMAT

Mentoren sind wichtig. Vorbilder sind wichtig. Freunde sind wichtig. Ich weiß nicht, ob das Laufen mir überhaupt wirklich Spaß bringen würde, wenn ich gänzlich auf alle drei verzichten müsste. Ja, es ist wunderbar, wenn man das Laufen erstmals entdeckt. Wenn der Körper sich nach getaner Leistung herrlich leicht anfühlt und gut durchblutet ist. Wenn man in den Flow kommt und entdeckt, wie es ist, ohne wirkliche Anstrengung zu laufen, ja beinahe zu schweben. Aber dann? Reicht das, um einen bei der Stange zu halten? Braucht es nicht mehr, um sich dauerhaft zu motivieren, unendliche Weiten zu erobern?

Als Christopher McCandless nach Alaska aufbrach, um in der Natur sein wahres Glück zu finden, dachte er, die Natur würde ihm zu jenem Glück genügen. Als er sich einige Zeit später – völlig allein in einem verlassenen Bus lebend, mitten in der Wildnis – mit Beeren vergiftete und wusste, dass er sterben würde, schrieb er eine letzte Lebensweisheit auf: »Happyness is only real when shared.« Jon Krakauer schildert Christophers Schicksal eindrucksvoll im Buch *Into the Wild*, Sean Penn hat einen nicht minder beeindruckenden Film darüber gemacht.

Ich denke, McCandless' Lebensfazit ist eine etwas andere Version von »geteiltes Leid ist halbes Leid«, und ich kann mich darin sehr gut wiederfinden. Nur geteilter Spaß ist wahrer Spaß! Auch wenn ich sehr viel und oft – eigentlich fast immer – allein laufe, so bin ich bei langen Läufen und Herausforderungen gern in Gesellschaft. Als ich anfing, habe ich alles, was ich übers Laufen wusste, entweder von meinem Vater gelernt oder den Laufzeitschriften entnommen. Irgendwann war mein Bruder aus den USA zu Besuch und zeigte mir einen You-Tube-Film, in dem die Trailläufer Anton Krupicka und Kilian Jornet einen Berg erlaufen. Ich kannte bis zu diesem Zeitpunkt eigentlich gar keine berühmten Läufer, bis auf Haile Gebrselassie, aber den kennt ja sogar die Kassiererin im Supermarkt. Aber die Jungs hier, das war ein anderes Kaliber. Anton hatte nichts an außer einer altmodischen kurzen Laufhose und Schuhen. In kleinen Schritten lief er diesen Berg hoch und überholte dabei eine Gruppe Bergsteiger, die mit Helmen, Seilen und anderem Gerät ausgestattet waren. Dieser langhaarige und bärtige Hippie mit seinem knallbraunen Oberkörper war irgendwie anders als diese Leichtathleten, die man aus der Sportschau kannte. Er war arschcool, und es wurde sofort deutlich, dass der hier etwas aus und mit Leidenschaft und Freude tat, und nicht in erster Linie, um irgendwelche Medaillen zu gewinnen. Ich hatte einen neuen Helden. Wie beim Skaten, war es von diesem Moment an angenehm, ein Vorbild, eine Art Idol zu haben. Es sollte nicht das letzte bleiben.

Etwa zeitgleich lernte ich im örtlichen Laufladen André kennen. André war ein spindeldürrer und von Kopf bis Fuß tätowierter Spaßvogel und Läufer aus Leidenschaft. Es klickte super zwischen uns, und ich besuchte ihn immer öfter im Laufladen, um mit ihm zu fachsimpeln oder rumzualbern. Als Werbeaktion und Kundenbindungsmaßnahme des Laufladens gab er jeden Samstagvormittag ein gratis Lauftraining. Hier lief ich meine ersten Intervalle, hüpfte das Lauf-ABC und vollführte andere Übungen mit den anderen Teilnehmern. Nach ein paar Wochen verabredete ich mich mit André zu einem gemeinsamen Lauf, und das taten wir von nun an öfter. Es war einfach cool, den langen, und gerade in meinem Fall langsamen, Lauf in Gesellschaft zu durchleiden und dabei den Ratschlägen, Tipps und Anekdoten eines durchwinterten Ultraläufers zu lauschen, der zudem einen exzellenten Humor hatte. Nachdem ich meinen ersten Marathon in Köln gefinisht hatte, liefen wir gemeinsam in Rotterdam. Immer wieder erzählte er mir von Ultraläufen, und nicht nur wegen Krupicka wurde ich da immer heißer drauf. Als ich eines Tages vor der Schule meiner Kinder wartete, kam ich ins Gespräch mit einem anderen laufenden Vater, der mir von einem Ultralauf in der Nähe erzählte, der Wochen später stattfinden sollte. In drei Wochen schon? War ich dafür schon bereit? Die Lust war ja schon geweckt. Ich erzählte André davon, und kurzerhand meldeten wir uns an.

Der Lauf hatte eine Distanz von 55 Kilometern, und mir wurde angst und bange bei dem Gedanken, nach der Marathondistanz noch mal 13 Kilometer dranhängen zu müssen. Ich war ja bei meinen ersten beiden Marathons im Ziel schon fix und fertig. Was ich allerdings völlig unterschätzte, war der Trailfaktor. Ich lief zwar regelmäßig in der Natur, aber meist flach und auf sehr guten Waldwegen. Ich trainierte auch nicht großartig für diesen Lauf. Ich war ja durch den Marathon praktisch noch im Training. Am Morgen des Laufs ging mir ein wenig der Kackstift. Hier war ja nur eine winzige Läuferschar! Bei einem großen Volkslauf kann man sich wenigstens auf die Masse an Schwerleibigen (also die, die noch schwerer als ich sind) und Langsamen (die, die noch langsamer sind als ich) verlassen, sodass man keine Angst haben muss, als Letzter ins Ziel zu kommen. Aber hier standen nur durchtrainierte Heringe im Startbereich. Egal, wir mussten da jetzt durch.

Auch wenn der Lauf, der nur eine knappe Autostunde von meiner Heimat entfernt stattfand, erwartungsgemäß flach war, so war die Strecke dennoch viel herausfordernder als erwartet. Einige Passagen führten über Reitwege, wo nur schwer Vorankommen war, und es wurde jedes Hügelchen dankbar mitgenommen. Es gab nur zwei Verpflegungspunkte auf der gesamten Strecke, weswegen ich einen Trinkrucksack mitführen musste. André und ich hatten trotzdem großen Spaß. Immer wieder liefen wir mit anderen zusammen in der Gruppe, und André machte seine gewohnt flachen Witze, um die Meute zu erheitern. Inmitten schönster Natur warf er in den Raum, wie toll hier doch Hochhäuser hinpassen würden. Gern zog er sich auch die Hose runter und fragte die entsetzten Laufkollegen – während er seinen blanken Hintern zeigend vor uns herlief –, ob irgendetwas sei. Die Natur im Naturschutzgebiet Veluwezoom ist wunderschön. Kiefern, Dünen mitten im Wald, leichte Hügel und Wälder, die am Boden komplett mit Farnen und Fingerhut bewachsen waren, wechselten sich ab. Wir verliefen uns nur ein einziges Mal und konnten den Lauf am Ende mit sehr schweren Beinen finishen. Wohoo, ich war zum Ultraläufer mutiert! Auch wenn ich körperlich ein Wrack war: Ich fühlte mich göttlich! Ich fand es schon fast cool, dass es statt einer Medaille nur ein Kopftuch gab. Pah, wir Ultraläufer brauchen dieses Bling-Bling halt nicht!

Das Mehr-Monster war wieder geweckt und saß mir im Nacken. Ich spürte nur ein Verlangen: mehr! Mehr davon. Mehr Ultra! Das Schöne am Laufen ist ja, dass man sich immer steigern kann. Die einen jagen nach Bestzeiten, die anderen nach längeren Distanzen, und manche jagen sogar nach beidem. Ich wollte weiterlaufen und noch weiter laufen.

Erst plante ich verschiedene andere Rennen mit André, aber der hatte auf einmal ein Laufloch, und obwohl ich alles daransetzte, ihn da rauszuholen, wurde mir irgendwann klar, dass ich vorerst auf mich allein gestellt war und ihm besser seine Ruhe ließ. Wo sollte ich denn nun laufen? Ich suchte und schaute, und als ich eines Tages mit meinem Vater telefonierte, meinte der irgendwann: »Warum läufst du nicht den Finama?«

Der Finama ist ein Ultralauf in Karlsruhe. Die Abkürzung steht für Fidelitas Nachtmarsch und bezieht sich auf die Wurzeln der Veranstaltung, die nämlich ursprünglich eine Wanderung war. Auch heute noch partizipieren Wanderer an dem 80 Kilometer umfassenden Rundkurs. Mein Vater war den Finama einst selbst gelaufen, und ich erinnerte mich an Anekdoten von Laufkollegen, die sich überschätzt hatten und danach tagelang krank waren. Das war einerseits erschreckend und beängstigend, andererseits aber auch unheimlich herausfordernd und verlockend. Wenn man schon vorher weiß, dass man etwas auf jeden Fall schaffen kann, geht doch jegliche Spannung verloren. Worüber sollte man sich denn im Ziel dann großartig freuen?

Seitdem ich in Holland lebte, hatte ich mich eigentlich immer weiter von Karlsruhe und Waldbronn entfernt. Also nicht nur, was die eigentliche Distanz anging, sondern auch emotional. Auf eine seltsame Art und Weise fand ich meine alte Heimat plötzlich provinziell und bauernhaft. Ich liebte nun einmal die Grachten, die alten Gebäude und die weltoffenen Menschen in den Niederlanden, und ich hatte wenig nostalgische Gefühle bezüglich meiner alten Heimat, die in meinen Augen spießbürgerlich und konservativ war. Aber dieses Bild fing immer mehr an zu bröckeln. Ich ertappte mich öfter dabei, wie ich an meine wundervolle Kindheit in Baden dachte und diese völlig deplatzierte, elitäre, und Möchtegern-Weltbürgerhaltung sich langsam in Luft auflöste und sich ins Gegenteil umkehrte. Ich mochte Karlsruhe. Wieder. Vielleicht liebte ich mein altes Pflaster ja sogar wieder. Und so war der Gedanke, meine alte Heimatstadt zu umrunden, auf einmal nicht nur verlockend, sondern gesetzt. Ich lud Sascha Rupp in den Podcast ein, der selbst einen Blog – TrailRunnersDog – hatte und den Finama bereits gelaufen war. Er erzählte mir

von seinen Erfahrungen und konnte mich so ein wenig drauf vorbereiten, was mich erwartete.

80 Kilometer sind halt doch noch mal eine ordentliche Schippe drauf. Nach meinem 55-Kilometer-Erlebnis konnte ich tagelang kaum gehen. Vom Stuhl aufstehen glich einer Operation am offenen Leib, ohne Narkose, und ging nie geräuschlos vonstatten.

Aber jetzt musste ich noch mal 25 Kilometer obendrauf packen. Wie das »na« in Finama schon andeutet, läuft man den längsten Teil in der Nacht. Der Startschuss ist um 17 Uhr an einem der längsten Tage des Sommers, und man läuft langsam in die Nacht hinein. Mit Lampe laufen war für mich Neuland. Genauso war ich natürlich das ständige Auf und Ab nicht gewohnt, konnte das in Holland aber auch kaum trainieren. Mein Vater beruhigte mich im Vorfeld und gab die Losung aus, bei jeder Steigung sofort zu marschieren. Im Nachhinein ein goldener Tipp.

Am Tag des Rennens goss es in Strömen. Ich muss gestehen, dass ich zwar Regen nicht als Hindernis sehe, aber ich eigentlich ein heimlicher Schönwetterläufer bin. Ich schwitze mich lieber zu Tode, als im Regen zu laufen oder gar zu frieren. Würde ich mich 80 Kilometer durch Regen quälen können? Würde ich das überhaupt wollen? Nach dem Motto »Wer ›A‹ sagt, muss auch ›rschloch‹ sagen« wollte ich es sowieso zumindest versuchen. Sascha war auch vor Ort, und wir einigten uns darauf, gemeinsam zu laufen. Er wollte kurz darauf einen sehr herausfordernden Trail meistern und konnte sich somit meinem gemütlichen Laufstil anpassen. Ich war froh, jemanden an meiner Seite zu haben, der die Strecke kannte und auch schon mal gelaufen war. Da ich den Lauf überhaupt nicht einschätzen konnte, hatte ich mir eine Zielzeit von zwölf Stunden vorgenommen.

Die sehr überschaubare Läuferschar gesellte sich schließlich in den Startbereich, eine Aschenbahn des Rüppurer Postsportvereins. Und dann geschah etwas Wundervolles: Pünktlich zum Start öffnete sich die Wolkendecke und entblößte einen sonnigen Himmel. Es ging geradezu surreal schnell. Ich könnte schwören, dass ich dabei Engelsgesang hörte. Und dann ging es auch schon los. Die Herausforderung meines Lebens. 80 Kilometer! Ich erinnere

NACHTANKEN
MIT SASCHA VON TRAILRUNNERSDOG (R.)
AN DER VERPFLEGUNGSSTELLE BEIM FINAMA.

mich noch, wie ich einmal von so was gelesen hatte, als ich schon eine Weile lief, und dachte: Leute, die so was machen, haben auf jeden Fall einen mittelgroßen Dachschaden.

Es ist ja immer das Gleiche. Die ersten Kilometer wird man noch von Aufregung und Adrenalin getragen. Man observiert sich und die Mitstreiter. Dann irgendwann muss man eine Art Rhythmus finden, sein Tempo erfühlen und hoffen, dass man sich nicht verschätzt. Direkt vom Stadion ging es über noch völlig matschige Wege durch den Oberwald Richtung Grötzingen. Der Finama ist bestens versorgt, und im Abstand von fünf Kilometern gibts abwechselnd Getränke oder Snacks und Getränke. Viele freiwillige Helfer machen auch bei diesem Event das Erlebnis für uns Läufer erst möglich, sie verdienen unseren unendlichen Dank. Bei Grötzingen gesellte sich der barfuß laufende Podcast-Hörer Markus zu uns und begleitete uns die zehn Kilometer durch den langen Anstieg bis nach Jöhlingen. Es war ein majestätischer Anblick, als sich der Wald vor uns öffnete und den Blick auf das Tal und die Felder oberhalb Jöhlingens freigab. Immer wieder zwang ich mich bei Anstiegen dazu, auf jeden Fall nicht zu laufen, sondern immer brav zu marschieren. Nach etwa 44 Kilometern kamen wir in Langensteinbach an, wo mein Vater mit Wechselkleidung wartete und Sascha sein Drop Bag deponiert hatte. Es dämmerte langsam, und ich wechselte in längere Kleidung, schnappte meine Stirnlampe und labte mich an Speis (Salzbrezeln) und Trank (Cola) aus dem Kofferraum meines Vaters. Wir schossen noch ein Selfie für die sozialen Medien und tauchten in die Dunkelheit des Waldes ab. Langsam kam in der folgenden Viertelstunde ein komisches Gefühl in mir auf. War es das Essen? Die kurze Pause, die wir eingelegt hatten? In meinem Magen spürte ich ein Unwohlsein, das bald meinen ganzen Körper ergriffen hatte. Aber so was muss nichts heißen. Ultralaufen ist ein ständiges Auf und Ab. Ich biss die Zähne zusammen, schaltete meine Stirnlampe an und folgte Sascha. Er lenkte mich ab, machte mich auf die vielen Glühwürmchen am Wegesrand und in den Tiefen des Waldes aufmerksam, und ich freute mich über den Anblick, der war wirklich atemberaubend. Ich kämpfte mich durch die nächsten Kilometer. Wie schlau die Formel war, bei Steigungen rigoros zu gehen,

BADEN
BEIM FINAMA 2016 MERKE ICH MAL WIEDER,
WIE SCHÖN MEINE ALTE HEIMAT IST.

wurde mir noch mal vor Augen gehalten: Auf einem der vielen beto-
nierten Feldwege vor uns sahen wir einen Läufer, der sich in kleinen
Laufschritten den Berg hochkämpfte. Oben angekommen, war er völlig
erschöpft, wir holten ihn dann laufend wieder ein, da er vorher laufend
am Hügel nur unmerklich schneller als unser Marschtempo unterwegs
war. Mein Vater hatte mir vor dem Rennen versprochen, dass es ab
einem bestimmten Punkt eigentlich nur noch bergab gehen würde,
und um den 50. Kilometer herum waren wir endlich an diesem Punkt
angelangt. Wir machten uns langsam an den langen Abstieg Richtung
Marxzell. Ich musste daran denken, was für ein tolles Erlebnis es war,
wenn meine Mutter mich und meinen Bruder, als wir Kinder waren,
in das Museum vor Ort ausführte. Alte Züge, Oldtimer und ein wie
von Geisterhand spielendes Klavier, das war ein Wunderland für uns
Kinder. Nach vielen Jahren in Holland befand ich mich hier mitten auf
einer kleinen Zeitreise, zurück in meine Kindheit. Die von mir zwischenzeitlich verabscheute Tristesse der Streuobstwiesen erfreute jetzt
meine Augen, dieses Fleckchen Erde erzählte mir Abenteuergeschich-
ten aus meiner Kindheit.

In Marxzell angekommen, deckten wir uns an dem Verpflegungsposten ein. Mein Vater war hier das letzte Mal vor Ort, und langsam
strömte ein Gefühl der Zuversicht durch meine Adern. »Du kannst diese 80 Kilometer schaffen!« Wir begaben uns jetzt auf den Graf-Rhena-
Weg, der an der Alb entlang bis nach Ettlingen führt. Als Jugendlicher
bin ich dort oft mit dem Rad zu meiner ersten großen Liebe nach Bad
Herrenalb gefahren, und mein Vater war hier regelmäßig laufen. Ich
war schon beinahe sauer und beschuldigte meinen Vater als Quelle von
Fake News, denn ab und an kreuzten leichte Steigungen unseren Weg,
aber im Großen und Ganzen ging es tatsächlich stetig abwärts. Ich fing
an zu rechnen: Hey, die zwölf Stunden unterbiete ich locker! Sollten
wir unser Tempo halten können, konnte ich sogar die zehn Stunden
sprengen. Eine wettkämpferische Unruhe machte sich in mir breit. An
den Verpflegungsposten verbrachte ich so wenig Zeit wie nötig.
Sascha, der sich ja für den Kölnpfad schonen wollte, machte auf
mich mehr und mehr den Eindruck, als ob er zu kämpfen hatte. Als wir in Ettlingen ankamen, sagte er, ich solle doch allein

weiterlaufen, er wolle sich nicht zu sehr verausgaben und es langsamer angehen lassen. Mit dem, was er in ein paar Wochen vorhatte, mehr als verständlich. Ich vergewisserte mich mehrfach, ob das für ihn wirklich okay sei. Es ist ja ein zweischneidiges Schwert: Man will niemanden, der einen so lang begleitet hat, einfach im Stich lassen. Doch aus eigener Erfahrung weiß ich nur zu gut, dass es auch unglaublich nerven kann, wenn man nicht sein eigenes Tempo laufen kann und sich hetzen muss. Ein mikroskopisch kleiner Tempounterschied reicht da schon aus.

Als ich mich entschieden hatte, war das auch gleichzeitig wie ein Befreiungsschlag. Es waren nur noch sechs Kilometer bis zum Ziel, und ich fühlte mich geradezu beflügelt. Als ich in Ettlingen von der Hauptstraße abbog und den kleinen Anstieg entlang des Friedhofs hochlief, überholte ich eine Gruppe älterer Läufer. Einer sah mich und sah mir wohl meine zweite Jugend an, die mich just so nah vor dem Ziel antrieb und rief: »Ha, 's Pferdle riecht de Stall.« Ich musste grinsen. Nicht nur wegen des lustigen Dialekts. Genauso fühlte ich mich. Angetrieben, machte ich mich auf das letzte Stück nach Rüppur. Ich lief völlig allein durch den dunklen Wald, nur den Kegel meiner Stirnlampe vor mir, und war so glücklich wie selten zuvor. Dies hier war meine Ehrenrunde! Der Wald war für mich wie ein prall gefülltes Stadion. Die Stille der Nacht fühlte sich wie eine jubelnde Menge an. Auf einmal flog eine Eule direkt über meinen Kopf hinweg. Lautlos schwebte sie durch den Lichtkegel. Ich lief weiter. Ich war im Flow. Es ging wie von allein. Ich hatte fast 80 Kilometer in den Beinen, und doch fühlte ich mich leicht wie ein Kind auf einer Spielwiese. Als ich aus dem Wald ins Stadion lief, um noch einmal die halbe Runde auf der Bahn zu drehen, ließ ich einen Freudenschrei los. Ein Blick auf die Uhr offenbarte mir, dass ich zeitlich deutlich unter zehn Stunden bleiben würde. Noch mal jauchzte ich. Mein Vater stand im Ziel und fotografierte gerade irgendein Pärchen. Er hatte mich noch lange nicht auf dem Schirm, und so gibts kein Foto von meinem Zieleinlauf. Egal. Dieser Moment hat sich in mein Herz gebrannt. Dieses Glücksgefühl kann und werde ich niemals vergessen. Neun Stunden und 42 Minuten. Es gibt sicherlich Menschen, die sich fragen, warum man sich so was – in Gottes Namen – freiwillig antut. Ich wünschte, ich könnte sie nur eine Sekunde das Glück fühlen lassen, das ich beim Zieleinlauf gefühlt habe. Es ist ein offenes Geheimnis unter Ultraläufern: Nur wer seine Komfortzone verlässt, kann wahres Glück erfahren.

#13

MIT 1.000 TEDDYBÄREN UM DIE WELT

VOM LEBEN UND LEIDEN EINES JUNGEN KÜNSTLERS

Ich habe schon immer gemalt und gezeichnet. Es brachte mir einfach Spaß, meine eigenen Welten zu erschaffen. Als ich in der fünften Klasse meine eigenen Comichefte zeichnete und in der Schule verkaufte, war das nicht unbedingt Unternehmergeist. Dafür verkaufte ich die Hefte auch viel zu billig. Es war einfach eine unglaubliche Freude, meine eigenen Comiccharaktere zum Leben zu erwecken. Ich ließ einen muskelbepackten Barbaren, der eindeutig eine Billigversion von dem war, was ich mir unter Conan vorstellte, Bösewichte und Monster zerschnetzeln. Ich ließ notgeile Rüden Hündinnen hinterherstellen, und Geheimdetektiv Pat Barker, der Mann mit Hut und Brille, löste internationale Mordfälle auf. Vampirgeschichten entstanden in der Zeit, in der ich die *Der kleine Vampir*-Bücher verschlang, und selbst meine Skatephase bekam ihre eigene Comicserie. Ich beschrieb darin eigentlich die Skaterwelt aus meiner kindlichen Sicht. Wenn mein Freund Johannes mittags stürzte, wenn er sich mit seinem Brett an das Moped des Nachbarn hängte, machte ich daraus abends einen kleinen Cartoon. Ich saß oft stundenlang an meinem Schreibtisch im Kinderzimmer und zeichnete ohne Pause. Später, als ich der Graffitikunst verfallen war, saß ich am Wochenende teilweise bis spät in die Nacht im Keller meines Elternhauses und spielte mit meiner Airbrush.

Am Ende vor einem fertigen Werk zu sitzen, sich daran zu erfreuen, das war wie ein Motor. So ist es immer noch. Ich war nicht dieser Künstlertypus, der alle zwei Minuten sein halb fertiges Bild aus mehreren Metern Abstand stirnrunzelnd begutachtet, sich das Barett zurechtrückt, den zehnten Kaffee reinwürgt, um dann einen weiteren wohlüberlegten Strich auf der Leinwand anzubringen, nur um dann das gesamte Prozedere zu wiederholen. Oft mag meine Arbeitsweise auf andere gehetzt wirken. Fast immer war ich der Erste, der mit seinem Graffiti fertig war. Nie geschah das allerdings, weil ich es wie einen Wettkampf betrachtete. Niemand verdiente je einen Preis, weil er am schnellsten fertig war. Ich wollte auch nie jemanden beeindrucken. Ich kann das einfach nicht anders. Bis heute nicht.

Nachdem ich in Stuttgart und Freiburg Grafikdesign studiert und erfolgreich abgeschlossen hatte, zog es mich ins Ausland. Ich wollte unbedingt etwas studieren, was dem Zeichner und dem Künstler in mir gerecht wurde. Ich wollte selbst Bilder erschaffen, nicht nur diese einfach mit Text kombinieren. Illustration! Das lag auf der Hand. Und ich blühte auf. Zwei Jahre habe ich in Utrecht Illustration studiert, und auch wenn ich in dieser Zeit unglaublich viel Cannabis konsumiert habe, ich verpasste keine einzige Stunde. Das Designstudium ging furchtbar rasch vorbei, die Zeit schien zu fliegen. Deswegen wollte ich sie dieses Mal sinnvoll nutzen. Vor allem das Grundstudium half mir ungemein. Ich war festgefahren, und nun wurde ich gezwungen, mich zu öffnen, neue Wege zu gehen, zu experimentieren. Im zweiten Studienjahr wurde uns im Hauptfach Illustration ein großer Auftrag erteilt, der sich über das ganze Jahr zog. Er hieß »My Favorite Place«. Wie das an Kunsthochschulen so ist, durfte man da weit über die Grenzen hinausgehen.

Mit dem »Favorite Place« war natürlich nicht das örtliche Lokal oder die Lieblingsferieninsel gemeint. Ich ging nur kurz auf die Suche nach diesem Platz, doch ich musste nicht lange nachdenken: Mein Favorite Place war eindeutig die Kindheit. Ich lebte als Kind in einer Märchenwelt. Viele Kinder tun das. Damit meine ich nicht, dass man als Kind keine Steuererklärungen machen muss oder einem Liebeskummer noch fremd ist. Ich bin mir auch durchaus bewusst, dass viele Menschen eine unschöne Kindheit hatten. Ich meine diese unscharfe Grenze zwischen Wirklichkeit und Fiktion, zwischen Realität und Fantasie. Als Kind glaubt man noch an den Weihnachtsmann. Mag erst mal albern klingen, aber das ist ja eigentlich unfassbar krass. Es wird einem glaubhaft gemacht, dass es einen dicken, gutmütigen alten Mann gibt, der nachts mit einem Schlitten über die Dächer fliegt und fröhlich Geschenke verteilt. Rentiere, die fliegen können! Wie crazy ist das bitte? Aber da hört der Spaß ja noch lange nicht auf. Es gibt Feen, die einen für jeden ausgefallenen Zahn belohnen, und Hasen, die mit einem Korb durch die Gegend hoppeln und Schokoladeneier verstecken.

Als Kind ist diese völlig verrückte Welt gelebte Realität. Zudem ist das Leben im Vorschulalter ein einziger großer Spielplatz und eine riesengroße Entdeckungsreise. Die Eltern sind wie Götter, die einem die große weite Welt vorstellen, man

DON'T FUCK WITH GORDO!
ALS COMICZEICHNER (HIER WAR ICH CIRCA 11 JAHRE ALT)
SCHAFFE ICH HELDEN, DIE RABIAT DURCHGREIFEN KÖNNEN.

glaubt, das Leben dauert ewig und dass man wahrlich alles erreichen kann.

Dann kommt der Tag der Aufklärung: Der Weihnachtsmann war der eigene Papa, und der hatte noch nicht mal Rentiere, die Schokoladeneier stammten nicht vom Osterhasen, sondern aus dem örtlichen Supermarkt, und sowieso tragen Hasen keine Körbe – da fällt das Kartenhaus langsam, oder sehr schnell, in sich zusammen. Die wenigsten Menschen empfinden das allerdings als unangenehm. Erwachsenwerden bedeutet erst mal Freiheit und Selbstbestimmung erlangen. Aber in der Retrospektive verlässt man doch eine heile Märchenwelt. Und diese Welt kann man sich nie wieder zurückholen. Es gibt alte Männer, die im Keller eine elektrische Eisenbahn stehen haben. Erwachsene, die sich verkleiden und Ritter spielen. Spielzeug sammeln, *My Little Pony* gucken oder sich in Videospielen verlieren. Meine *Star Wars*-Sammlung spricht in dieser Hinsicht Bände. Damit fing es sehr harmlos an.

Mir wurde unaufgefordert eine alte *Star-Wars*-Actionfigur zugesandt. Ich liebte diese Figuren als Kind und bereute es immer wieder, dass ich alle in meiner Jugend verkauft hatte. Es war also ein durchaus nostalgisches Erlebnis, als ich diese eine Figur wieder in den Händen hielt. »Eigentlich kann ich doch mal online gucken, ob ich meine Lieblingsfigur aus meiner Kindheit finde«, war der nächste Schritt. Dann kam: »Ach, eigentlich kannst du doch alle Figuren, die du damals hattest, wieder zusammensuchen.« Es endete mit: »Wie geil wäre es, alle Figuren und Fahrzeuge mein eigen nennen zu dürfen, die es damals gab.« Mich trifft da keinerlei Schuld, jegliche Schuld ist einzig und allein bei diesem gewissenlosen Typen zu suchen, der mir einfach ungefragt die erste Figur schickte!

Aber machen wir uns nichts vor: Wir leben als Erwachsene nicht mehr in der Märchenwelt, diese Unbekümmertheit werden wir nie mehr erreichen. Ab und an bekommen wir vielleicht – wenn wir Glück haben – Zugang zu dieser Welt. Aber grundsätzlich ist man als Erwachsener desillusioniert. Man geht nicht mehr davon aus, dass ein Zwerg oder ein Troll um die nächste Ecke biegt, wenn man durch den Wald läuft. Als Kind schließt man diese

HANG TIME
MEIN PROJEKT »1.000 TEDDYS« WIRD VON MEINEM FREUND UND DAMALIGEN AGENTEN FLORIAN UNTERSTÜTZT.

PAPA BÄR
MIT MEINEN TEDDYS REISTE ICH DURCH DIE WELT. HIER DIE VERNISSAGE IN LOS ANGELES 2008.

MIT 1.000 TEDDYBÄREN UM DIE WELT

Möglichkeit zumindest nie völlig aus, ist immer offen für ein kleines Wunder.

Wie sollte ich »My Favorite Place« also illustrieren? Ich versuchte zuerst, das Thema Kindheit vor meinem geistigen Auge zu visualisieren. Dann schnappte ich mir verschiedene Ikonen, die für mich die Kindheit-Märchenwelt symbolisierten. Pippi Langstrumpf, einen Teddybär, den Weihnachtsmann, den Osterhasen und eine Schaukel. Um ein spielerisches Element in meine Arbeit einfließen zu lassen – und gleichzeitig den Spieltrieb beim Betrachter und somit sein inneres Kind zu wecken –, verteilte ich die Motive über mehrere aneinandergereihte Leinwände. Es war wie ein kleines Puzzle. Arrangierte man die immer gleiche Gruppe von Leinwänden auf die eine Weise, sah man den Weihnachtsmann. Drehte und verschob man alles ein wenig, konnte man Pippi sehen und so weiter. Ich male noch heute solche modularen Bilder, die es dem Besitzer ermöglichen, die Komposition mit wenigen Handgriffen zu ändern, und manchmal wundere ich mich, dass da noch niemand vorher draufgekommen ist. Im folgenden Semester wurde mein Schaffensprozess abrupt unterbrochen.

Meine Cannabissucht durchkreuzte meine Studienpläne, und ich wusste, dass das so nicht weitergehen konnte. Ich beschloss, etwas zu ändern – und tat das auch. Ich war in der Entzugsklinik, und als ich zurückkam, hatte ich einiges an Unterricht verpasst. Ich wollte aber sowieso nie das komplette Studium beenden und plante zunächst, mich mit kleinen Illustrationsjobs über Wasser zu halten. Da ich aber Gefallen an den Puzzlebildern gefunden hatte, malte ich weiter. Bei mir um die Ecke war eine recht hippe Bar mit integriertem Restaurant. Ich fragte den Besitzer, ob ich da mal ausstellen dürfte, ich hatte dort schon öfter Arbeiten anderer Kunststudenten hängen sehen. Er sagte zu, und kurz darauf hängte ich meine erste kleine Ausstellung auf. Keine zwei Wochen später waren fast alle Arbeiten verkauft. Dieser Erfolg pushte mich, der kam völlig unerwartet. Also malte ich weiter und stellte in der Folge regelmäßig in der Bar aus. Meine Frau, damals noch meine Freundin, war langsam genervt von unserem zum Atelier mutierten Wohnzimmer. Überall Farbflecken und trocknende Leinwände, das ist eben nicht wirklich die Definition von »wohnlich«. Ich brauchte einen eigenen Arbeitsplatz, an dem ich mich richtig austoben konnte. Und ganz nebenbei fand so im Grunde meine Transformation vom Grafiker und Illustratoren zum freien Künstler statt. Das Malen nahm ernsthafte Formen an. Ich mietete mir ein Atelier in einem ehemaligen Schulgebäude und fing an, täglich Bilder zu malen. Diese neue Freiheit war herrlich. Ich konnte völlig frei agieren. Überall Farbflecken, Pinsel und Sprühdosengestank, und niemand, der deswegen meckerte. Mein ganz eigenes, herrliches kleines Chaos. Philipp allein zu Haus.

Und dann kam ein folgenschwerer Tag, der für mich alles ändern sollte. Wie so oft, fing alles ganz harmlos an, und der Zufall hatte seine Hände mit im Spiel. Im Kunstbedarfsladen meiner Wahl wurde eines Tages ein Leinwandpaket, bestehend aus vielen rechteckigen und quadratischen Formaten von sehr kleinen bis mittelgroß angeboten. Ich sah vor meinem geistigen Auge all diese Formate in Petersburger Hängung (also recht wild durcheinander) mit meinen Teddybären drauf an einer Wand hängen. Meine Bilder entstehen sowieso so gut wie immer komplett in meinem Kopf, bevor sie auf die Leinwände kommen, sie werden dann lediglich von mir abgemalt. So war es auch in diesem Fall. Ich baute meine Teddys von dunkel nach hell in einer Mischtechnik auf. Erst eine Teddysilhouette in Schwarz mit der Sprühdose, dann mit Oilbars die hellen Farbtöne schrittweise aufbauen. Oilbars sind Ölfarben in Stiftform, sehr pigmentös, und von der Konsistenz vergleichbar mit einem Lippenstift. Diese Technik verwende ich noch heute bei fast allen meinen Bildern.

Als ich die Teddys da so vor mir liegen sah, entstand vor meinem geistigen Auge bereits das nächste Werk. Es mussten mehr Teddys her! Ich wollte eine Installation aus 100 Teddybildern kreieren, sie sollte einen gesamten Raum ausfüllen. Der Effekt dieser starrenden und emotionslosen Bären würde sicherlich überwältigend sein! Also bestellte ich bei einem Großhändler 100 Leinwände verschiedenster Formate und machte mich an die Arbeit. Hat hier irgendjemand gerade Mehr-Monster gesagt? Nach zwei Wochen waren die 100 Teddys fertig. Der Effekt war super, aber ich hatte mich verschätzt. Die 100 Leinwände reichten gerade mal für eine mittelgroße Wand. Ich wollte doch eine ganze

Galerie ausfüllen. Ich erzählte abends meiner Frau von meinem Plan, 1.000 Leinwände zu bestellen und diese mit Teddys zu bemalen. Meine Frau war ja schon leidgeprüft, und ihre anfängliche Skepsis und Zurückhaltung waren ihr sicherlich hoch anzurechnen. Aber wie so oft, war der Philipp-Zug, wenn erst mal das Mehr-Monster, der Schaffner, auftauchte nicht mehr zu stoppen. Klar, das war viel Geld, ein finanzielles Wagnis, auch schätzte ich, dass ich vermutlich ein Jahr brauchen würde und in dieser Zeit auch nicht großartig vom Verkauf anderer Bilder leben konnte. Aber – chuuu chuu! –, der Philipp-Zug rollte, und das Mehr-Monster saß diabolisch lachend im Führerhäuschen.

Ich stürzte mich in die Arbeit. Es war zwar anstrengend und ermüdend, täglich Teddys zu malen, aber überraschenderweise empfand ich es nie als monoton. Und so stapelten sich in diesen Monaten immer mehr Teddyleinwände in meinem Atelier. Alle mit verschieden kleinen und großen Teddys drauf, die oft neugierig um die Ecke guckten, als ob sie den Betrachter vorsichtig observierten. Die Hintergründe waren so verschiedenfarbig wie das Teddyvolk selbst. Zeitgleich begann ich, Mails an Galeristen zu schreiben, um meine Installation irgendwann der großen weiten Welt zeigen zu können. Einer erzählte mir später einmal, dass er, nachdem er den Satz »Ich habe 1.000 Teddys gemalt« las, zuerst dachte: »Und wann entlassen sie den aus der Anstalt?« Aber glücklicherweise meldete recht früh ein Galerist aus Wien Interesse an, und wir planten eine Ausstellung. Ich saß zuvor aber täglich in meinem Atelier, malte immerzu Teddys und fühlte mich einsam. Stets umgeben vom strengen Farbgeruch. Und ich dachte immerzu, dass der Moment, in dem ich den 1.000. Teddy fertig gemalt hätte, ein geradezu glorreicher sein würde. Aber weit gefehlt. Es war wie bei meinem Home2-Home-Lauf. Das eigentliche Ziel zu erreichen, war nicht entscheidend. Davor gab es viele kleine Etappenziele. Momente, in denen ich mich an den vielen bunten Teddys erfreuen konnte, oder ich merkte, dass ich weit über die Hälfte geschafft hatte. Abende, an denen ich nach dem Malen eine kleine Teddywand hängte und mir in meinem Kopf ausmalte, wie erst ein ganzer Teddyraum wirken mochte. Aber der letzte Teddy malte sich genau wie der erste und der 786. Kein Engelsgesang war zu hören. Keine Parade marschierte

durch meinen Arbeitsraum. Nicht mal der Papst hat angerufen, um zu gratulieren.

Die erste Ausstellung in Wien war ein voller Erfolg. Die Logistik war kein Pappenstiel. Das Hängen von 1.000 Leinwänden war Pain in the Ass. Aber die Arbeit lohnte sich, die Vernissage war sehr gut besucht, zudem verkauften sich mehr als 100 Bilder. Da die Bilder preislich zwischen 90 und 690 € lagen, war es für mich auch finanziell ein erfolgreicher Start. In Hamburg toppte ich diesen Highscore sogar noch. Es war unglaublich befriedigend, zu sehen, dass meine Idee angenommen und verstanden wurde. Ich stellte noch in anderen europäischen Städten aus und wollte dann eigentlich recht schnell in die USA. Florian, ein Freund von mir, ist ein sehr erfolgreicher Geschäftsmann, er lebte die Hälfte des Jahres in Florida und wollte mich als Agent unterstützen. Er glaubte an einen Teddy-Erfolg in Amerika. Es dauerte auch nicht lang, und wir hatten eine Galerie in Los Angeles gefunden, die mit uns arbeiten wollte. Außerdem waren noch eine Galerie in New York und San Diego interessiert. Wenn's läuft ... Vor uns lag aber noch jede Menge Arbeit. Erstens musste ich die bereits verkauften Teddys nachmalen, um wieder auf die 1.000 zu kommen. Zweitens produzierte ich vor, um für künftige Verkäufe gerüstet zu sein. Ich musste Transportkisten zimmern lassen, und diese mussten mit Gas behandelt werden. Die neun Kindersärge waren aber ein Klacks, verglichen mit dem Aufwand, den wir für die Bilder selbst aufbringen mussten. Jeder der 1.200 Teddys, die wir mitnehmen wollten, musste mit einer individuellen Nummer gekennzeichnet und dann im Mugshot-Style fotografiert und katalogisiert werden. Florian kam dafür extra aus Kiel nach Holland und saß ein gesamtes Wochenende mit mir im Atelier. Er fotografierte und trug alles fein säuberlich in eine Liste ein. Ich werde ihm das und vieles andere nie vergessen.

Kaum waren die Teddys auf Reisen, zogen schwarze Wolken an meinem Schicksalshimmel auf. Es war nämlich der Sommer des Jahres 2008, und die Wirtschaft in den USA erlebte ihre schlimmste Finanzkrise seit dem Black Friday, und zwar just in dem Moment, als die Kisten mit meinen Bildern in einem Container über den Großen Teich schipperten. So eine Finanzkrise ist natürlich jetzt nicht gerade ideal für so eine Ausstellung. Wenn man bangen muss, nächste Woche aus dem Haus zu fliegen, kauft man sich von seinen letzten Talern sicherlich kein Kunstwerk. Wir machten aber gute Miene zum bösen Spiel und hofften auf die Reichen und Schönen der Stadt.

Los Angeles ist verglichen mit New York echt ein hässliches Fleckchen Erde. Selbst im absoluten Zentrum versprüht es einfach null den Charme einer Großstadt. Überall Billigläden, und – wie so oft in den USA – die Stadt ist nicht wirklich auf bummelnde Fußgänger ausgelegt. Die Galerie war allerdings der absolute Hammer. Riesige weiße Wände, perfekte Beleuchtung und ideal geschnitten, um meine bunten Jungs super wirken zu lassen. Allerdings hätte uns der ein oder andere Spruch der Besitzerin alarmieren müssen. So sagte sie einmal beiläufig: »Ich hoffe, die Vernissage wird gut besucht, sonst kann ich mich direkt hier vom Gebäude stürzen.« So was ist an sich noch nicht besorgniserregend. Was mich aber echt verunsicherte, war der ernste Blick und die beschwichtigenden Worte ihres Freundes auf diesen Ausspruch. Hä? Die meinte das doch wohl hoffentlich im Scherz! Aber Mary machte auch sonst nicht den stabilsten Eindruck. Sie hatte eine unangenehm laute und hysterische Stimme. Sie wirkte nervlich am Ende. Beim Aufhängen helfen wollte sie auch nicht. Das überließ sie Florian und mir. Mehr als 1.000 Bilder zu zweit zu hängen, und dann auch noch an so hohe Wände, das ist wahrlich kein Picknick. Na ja, solange es sich lohnt, die Bude voll ist und sich Bilder verkaufen, kann man das durchaus verschmerzen. Dachte ich. Die Vernissage war eine Katastrophe. Warum eröffnet man bitte eine Ausstellung am Mittag? Und warum, um alles in der Welt, hatte Mary eine Kinderbespaßerin eingeladen? Sollte gleich noch ein Clown um die Ecke kommen? Und wo waren die Menschenmassen? Na ja, ein kompletter Reinfall war es dann doch nicht. Es verkauften sich dann doch ein paar Teddys, und im Kopf errechnete ich schnell, dass ich meine Flugkosten drinhatte.

Florian und ich reisten einige Tage später nach New York, um weitere Galerien zu finden. Als wir wieder in Europa waren und die Ausstellungsdauer vorbei war, kontaktierte Florian Mary, um mit ihr die Abrechnung zu machen und die Abholung für unseren nächsten Ausstellungsort San Diego zu regeln. Keine

Antwort. Er versuchte, sie anzurufen. Keine Antwort. Er schrieb mehrere Mails mit der dringenden Bitte um Rückmeldung. Nichts. Okay, Leute, ihr wollt uns hier verarschen, oder? Vor meinem geistigen Auge sah ich nicht nur mein Geld verschwinden, sondern auch, wie Mary meine Bilder für kleines Geld auf irgendeinem Flohmarkt verramschte. Ich war in Panik. Aber was sollte ich tun?

Just zu diesem Zeitpunkt schrieb mich auf Facebook ein Belgier an, der Interesse an einem Teddy hatte, und fragte, ob es denn von dieser 1.000-Teddys-Ausstellung noch Exemplare zu kaufen gäbe. Ich antwortete ihm, dass die leider gerade noch im Ausland wären, aber ich mich bei ihm melden würde. Dann schrieb er zurück, dass er gehofft hatte, beim Künstler seien die Bilder billiger zu bekommen. Er hätte bereits ein paar Teddybilder in Los Angeles in einer Galerie gekauft. Wow! Ich hatte jetzt einen Verbündeten in Los Angeles. Mein Mann vor Ort! Ich fragte ihn, ob er vielleicht noch mal bei der Galerie vorbeischauen könnte. Das tat er. Sie war geschlossen, out of business, aber er konnte meine Kisten mit den Bären drinnen erspähen. Das war erst mal beruhigend. Meine Teddys befanden sich doch nicht auf den amerikanischen Flohmärkten. Es stellte sich heraus, dass auch er Marys Nummer hatte, und wir schmiedeten den Plan, dass er sie anrufen würde, um sie zu fragen, ob er noch weitere Teddys kaufen könne. Würde sie bei ihm ans Telefon gehen? Hatte sie sich bereits vom Gebäude gestürzt? War sie auf der Flucht vor Schuldnern? Saß sie bereits im Knast? Gespannt wartete ich auf Rückmeldung meines kleinen unfreiwilligen Privatdetektivs. Und die kam bereits am nächsten Tag. Mary ging direkt ans Telefon und versicherte ihm, dass er gern noch Bilder auf Absprache kaufen könne. So eine Bitch! Sie ignorierte uns also ganz bewusst. Mir ging es inzwischen schon lange nicht mehr um den Zaster, ich wollte meine Teddys in Sicherheit wissen. Irgendwie schien Mary die Lunte aber gerochen zu haben. Vielleicht hatte sie auch ein schlechtes Gewissen bekommen. Denn wenige Tage später reagierte sie endlich auf die Mails von Florian und erklärte ihm, dass sie nicht in der Lage sei, zu bezahlen. Der Vertrag war allerdings von Florian so gestaltet worden, dass sie unseren Teil der Einkünfte nur treuhänderisch verwalten durfte. Selbst eine Pleite hätte sie also nicht vor einer Zahlung gerettet.

Es wäre schlicht und einfach Diebstahl gewesen. Das Geld war aber erst mal nicht meine Sorge. Der Galerist aus San Diego für den nächsten Termin war so cool, als ich ihm die gesamte Geschichte erzählte. Er mietete direkt einen Laster und holte die Teddybilder persönlich in Los Angeles.

Ich habe nie einen Cent meines Geldes gesehen. »Man kann einem nackten Mann nicht in die Tasche greifen«, sagte mein Vater immer. Ich glaube, für Frauen gilt das Gleiche. Ich fand es zu stressig, eine offensichtlich mittellose Frau im Ausland juristisch zu belangen. Zu viel negative Energie. Es ist viel befreiender, so etwas loszulassen. Ich schlafe dann besser. Ich konnte mich dann auch besser auf weitere, schöne Ausstellungen konzentrieren. Und so kam es auch. Inzwischen sind alle 1.200 Teddys, die ich damals in die USA mitnahm, verkauft. Ich male aber immer noch Teddys. Ich habe das Thema noch lange nicht ausgereizt. Da geht noch mehr. Denn mehr geht immer.

#14

FUCK YOU, BESENWAGEN!

100 KILOMETER SIND DANN DOCH SCHON VERDAMMT LANG

Die Mathematik des Laufens ist kompliziert und widerspricht gängigen Regeln. So ist 21 nicht die Hälfte von 42, ein Marathon fängt nicht bei Kilometer 1, sondern erst bei Kilometer 35 an, und 100 ist nicht 80 plus 20. Letztgenanntes musste ich auf besonders leidvolle Weise erfahren. Ich war noch immer auf einer Glückswolke vom Finama und auf der Suche nach neuen Herausforderungen, nach mehr. Seit meinem ersten Stadtlauf habe ich mich eigentlich konstant nach oben gehangelt. Nach einem Jahr den ersten Marathon, ein halbes Jahr später 55 Kilometer, und im Jahr drauf dann die 80 Kilometer. Zwischendurch immer wieder Marathons, wenn es sich ergab. Ich sagte schon auf der nächtlichen Rückfahrt direkt nach dem Finama, dass ich die 20 Kilometer, die bis zur 100er-Marke fehlten, auch noch easy hätte laufen können.

100 Kilometer! Das klang schon fast unverschämt. Als Kind war mir das als Autofahrt schon zu lang. Aber ich musste immer wieder daran denken, wie unglaublich fit ich mich am Ende der 80 Kilometer gefühlt habe, also mussten die 100 doch eigentlich zu knacken sein. Ich suchte also nach einem Lauf mit einer 100-Kilometer-Distanz und wurde beim Taubertal 100 fündig. Der Lauf geht von Rothenburg ob der Tauber 100 Kilometer durchs »romantische Taubertal« bis nach Wertheim. Ich weiß bis heute nicht, ob es ein Vorteil ist, dass auch 50- und 70-Kilometer-Distanzen im selben Lauf angeboten werden. Die eröffnen den Startern die Möglichkeit, jederzeit downzugraden, selbst wenn man sich für die 100 Kilometer angemeldet hat. Nach 50 oder 70 Kilometern auszusteigen ist dann auch noch möglich, und gegen einen kleinen Aufpreis bekommt man dann trotzdem auch eine Medaille, anstatt disqualifiziert zu werden.

Okay, eine Medaille sollte ich also so oder so mit nach Hause nehmen können. Ich beriet mich mit meinem Trainer Michael, und er stellte mir einen Trainingsplan zusammen. Wer 100 Kilometer laufen will, der muss natürlich auch im Training wesentlich mehr laufen als ein Marathonläufer. Im Gegensatz zu einem Marathoni kommt man aber im Training nie wirklich nah an seine Wettkampfdistanz ran. Ich musste also sehr oft Mitteldistanzen wie 21 Kilometer laufen, und bei meinen ganz langen Läufen bin ich in der Vorbereitung bis zu fünf Stunden am Stück gelaufen. So lief ich im Training also nie wirklich weiter als 50 Kilometer und wusste, dass ich beim Taubertal 100 50 Kilometer durch Neuland wandeln würde. Na ja, wenigstens auf meine 80-Kilometer-Erfahrung vom Finama konnte ich mich ja verlassen. So richtiges Neuland waren demnach eigentlich nur die letzten 20 Kilometer.

Nach eindringlichem Betteln versprach mein Vater mir, mich zu begleiten. Einerseits fand ich die Vorstellung beruhigend, ab und zu jemanden am Streckenrand und im Ziel zu haben, ein bekanntes Gesicht, das mich zusätzlich motiviert. Andererseits war es praktisch, ein extra Paar Wechselschuhe immer zur Verfügung zu haben. Bei längeren Ultraläufen hat man nämlich die Möglichkeit, in sogenannten Drop Bags Equipment und Nahrung zu deponieren. Diese muss man vor dem Start abgeben und sie werden dann an drei Punkten entlang der Strecke bereitgestellt. Aber woher sollte ich schon vorher wissen, wann ich genau was nötig hatte? Ich konnte das zwar grob einschätzen, hatte aber tierisch Schiss, mich zu verschätzen, und war deshalb unglaublich froh, in meinem Vater ein mobiles Drop Bag gefunden zu haben.

Rothenburg ob der Tauber ist eine wunderschöne alte Stadt. So schön die kleinen kopfsteingepflasterten Straßen und Fachwerkhäuser allerdings auch sein mögen, so ist der Ort völlig überfüllt mit Touristen. Überall Japaner, Amerikaner und Chinesen. Herangekarrt in riesigen Bussen. Mein Vater hatte mir oft von Rothenburg erzählt und auch davon geschwärmt, da ein sehr guter Freund von ihm dort lebte. Ich würde hier wahnsinnig werden. Aber wir waren ja nicht zum Spaß gekommen. Am Vorabend des Laufs gab es nämlich ein sehr ausschweifendes Briefing. Hubert Beck, ein sehr erfahrener Ultraläufer und Trainer, den ich auch durch seine Bücher kannte, organisierte den Lauf. Es ist immer ein riesengroßer Vorteil, wenn jemand, der selbst schon Ultras gelaufen ist, so einen Lauf organisiert. Mein Vater war einst einen Marathon gelaufen, bei dem es an den Verpflegungsposten nur Sprudelwasser gab. Man wollte wohl seinem Sponsor wohl treu bleiben. Das muss ja einer überdimensionalen

TAUBERTAL 100
HIER WIRD NICHT LANGE GEFACKELT. HIER WIRD LANG GELAUFEN. NÄMLICH 100 KILOMETER.

Rülps-Karawane geglichen haben. Diese Gefahr bestand hier also eindeutig nicht. Hubert stellte mit Bildmaterial die gesamte Strecke vor. Er warnte vor Punkten, wo die Gefahr bestand, dass man falsch abbiegen konnte, machte uns den Mund wässrig, was die Sehenswürdigkeiten entlang der Strecke anging, und erklärte uns auch, wann und wo wir uns alle zum Zeremoniell vor dem Lauf treffen würden. Dann stellte er das Menü an den Verpflegungsstationen vor. Dort gab es Kartoffelbrei, Suppe, Chiasamen in Saft und vieles mehr. Man merkte sofort, dass hier ein Fachmann am Werk war. Nach dem Briefing kehrten mein Vater und ich noch in ein Kartoffelrestaurant ein. Kartoffeln in jeglicher Form scheinen die örtliche Spezialität zu sein. Zwar jetzt nicht gerade super ausgefallen, aber für mein Vorhaben natürlich ein idealer Kohlenhydratlieferant. Und so mampfte ich, mit langsam wachsender innerer Unruhe, Ofenkartoffeln in mich hinein. Die Nacht würde kurz werden. Schon um 5:15 Uhr waren wir zur Ausgabe der Fackeln für den Fackellauf zum Start verabredet. Ja, genau, bevor es auf die 100 Kilometer geht, erst mal 'ne Runde laufen. Einfach so. Zum Spaß. Wie befürchtet, schlief ich beschissen. Gefühlt alle halbe Stunde wurde ich wach und schlief erst so richtig tief, als um 4:40 Uhr mein Wecker klingelte. Innerhalb weniger Sekunden war ich hellwach. Ich stopfte mir mit viel Widerwillen die mitgebrachten Haferflocken und die Banane rein, duschte und machte mich auf zum Treffpunkt. Wir liefen leicht verspätet mit unseren brennenden Fackeln durch das noch nächtlich anmutende Rothenburg. Weiter unten kam dann ein Reiter in Ritterverkleidung des Weges und sprach uns mit viel Tamtam und in altertümlichem Deutsch viel Glück für unseren Weg aus. Danach liefen wir im Gänsemarsch einen schmalen Abhang Richtung Start hinunter. Unten angekommen, wollte ich gerade noch ein paar letzte Angst Tröpfchen am Wegesrand loswerden, da hörte ich von weiter vorn schon den Startschuss. Was soll denn der Scheiß? Hier sind noch nicht mal alle von oben angekommen. Ich war kurz sauer, denn ich hätte gern auf den ganzen Fackel- und Ritter-Zinnober verzichtet und wäre lieber in Ruhe gestartet, aber man darf sich bei so was besser nicht reinsteigern. Gerade bei sehr langen Läufen kann man sich da gut und gern in einer negativen Denkspirale verlieren. Ich lief zusammen mit Marcus. Er war Podcast-Hörer und schon viel länger Läufer als ich. Wir hatten uns über Facebook kennengelernt, aber im Lauf der Jahre auch in persona getroffen, immer besser kennengelernt, und so freute ich mich, ihn an meiner Seite zu haben. Der Lauf war absolut perfekt organisiert. Es gab gefühlt alle 100 Meter eine Markierung auf der Straße, und zusätzlich wurde noch jeder Kilometer am Wegesrand angeschrieben. Die ersten Kilometer verunsicherten mich. Ich bin es nach mehr als 15 Jahren in Holland einfach nicht mehr gewohnt, wenn es bergauf geht. Selbst kleinste Hügel machen mir tierisch Angst. So war das auch hier. Wir liefen langsam von der Dunkelheit ins Morgengrauen. Am Wegesrand stand dann auf einmal Alex, auch ein Podcast-Hörer. Er sollte den ganzen Tag lang immer wieder mal auftauchen.

Die ersten 20 Kilometer vergingen wie im Flug. Ich unterhielt mich mit Marcus über Gott und die Welt und machte brav bei jedem Verpflegungspunkt halt, um Kartoffelbrei zu essen. Leicht verdaulich und kohlenhydratreich. Da ich einen GPS-Tracker bei mir führte, konnte auch jeder zu Hause am Computer immer genau sehen, wo ich gerade war. Ab Kilometer 30 wurde das Rennen dann langsam ernst. Ich fand es noch nicht wirklich anstrengend, der anfängliche Adrenalinschub war aber langsam verflogen, ich fing an, meine Beine genauer zu beobachten. Das von vielen als romantisch besungene Taubertal ist wahrlich sehr schön. Die Strecke ist auch perfekt gewählt. Nur selten mussten wir an stark befahrenen Straßen laufen, oft wurden wir durch Sehenswürdigkeiten gelotst, es war ein schöner Lauf. Als wir uns langsam dem 50-Kilometer-Punkt näherten, versuchte ich Marcus zu überreden, doch zumindest die 70 Kilometer durchzulaufen. Aber er kündigte recht früh an, dass bei ihm mit ziemlicher Sicherheit nach 50 Kilometern Schicht im Schacht sei. Und so kam es dann auch.

Die 50 Kilometer markieren das erste Ziel des Taubertal 100. Es war viel Publikum anwesend, und es herrschte eine tolle Stimmung. Ich aß wieder brav etwas und verabschiedete mich schweren Herzens von Marcus. Irgendwie fühlte sich das doof an. Hier lag diese blöde Ziel-gute-Laune in der Luft. Glückliche verschwitzte, aber erleichterte Gesichter. Und ich sollte jetzt weiterziehen. Allein. Meine Beine taten bereits weh. Es gibt eine alte Regel im Ultrasport: »Egal, ob es dir gerade gut oder schlecht geht. Du kannst dich drauf verlassen, dass es bald vorbeigeht.« Also hoffte ich auf mein erstes Hoch nach diesem kleinen Tief. Ich musste mich jetzt selber pacen. Und konnte mich nicht mehr so leicht ablenken. Ich erlaubte mir eine erste längere Marschierpause. Es dauerte nicht lang, und ich stieß zu zwei weiteren Läufern auf. Die beiden wollten unbedingt in unter zwölf Stunden finishen und waren die ganze Zeit damit beschäftigt, ihre Uhr zu checken und zu rechnen. Ich fragte, ob ich ein wenig mit ihnen laufen könnte, was sie bejahten. Es dauerte allerdings nicht lang, und die beiden liefen an einem Verpflegungspunkt, nachdem sie getrunken hatten, einfach weiter, ohne ein Wort zu sagen. Natürlich hätte niemand auf mich warten müssen, aber dass sie nicht mal kurz Bescheid gesagt hatten, dass sie weiterlaufen, ließ mich die Entscheidung verwerfen, einen kleinen Spurt einzuschieben, um wieder aufzuschließen. Gekränkte Emotionen einer kleinen Ultraprinzessin.

Ich wechselte irgendwann mitten in der Walachei meine Schuhe. Ich sah schon von Weitem den weißen Smart meines Vaters und erhoffte mir von den neuen Schuhen auch ein neues Laufgefühl. Es war zwar einen kurzen Moment ganz angenehm, aber ich hätte irgendwie lieber meine Beine ausgewechselt. Es fing an, schwer zu werden. Es fühlte sich alles so weit an. Warum war ich denn bitte schön jetzt schon kaputter, als ich nach 80 Kilometern beim Finama war? Es begannen diabolische Kräfte in meinem Kopf ans Werk zu gehen. Ich könnte doch bei 70 Kilometern aussteigen! Muss man denn immer noch weiterlaufen? Eigentlich ist doch schon ein Marathon ein bisschen bekloppt.

Zu allem Unglück machten sich kleine Krämpfe in meinem Oberschenkel bemerkbar. Damals hatte der Taubertal ein 13-Stunden-Zeitlimit für die 100 Kilometer. Mittlerweile liegt es bei 15 Stunden. Ich fing an zu rechnen und befürchtete, dass ich es sowieso nicht mehr schaffen könnte. Dann lieber gleich aufgeben! Ich rief kurz vor dem 70-Kilometer-Finish Michael an, um ihm mein Leid zu klagen. Der würde mir sicher nicht nur beipflichten, der würde mir wahrscheinlich regelrecht verbieten, weiterzulaufen! Aber dummerweise ist Michael ein harter Hund. Er beruhigte mich. Das mit den

WALKING DEAD
IM FINISH VOM TAUBERTAL SEHE ICH LEBENDIGER
AUS, ALS ICH MICH FÜHLE.

Krämpfen sei doch gar nicht so ein großes Problem. Im Ziel solle ich eine Suppe mit extra viel Salz zu mir nehmen, mir fünf Minuten Ruhe gönnen und dann ganz easy weiterlaufen. Ich würde es doch sogar noch innerhalb des Zeitlimits schaffen, wenn ich von nun an spazieren würde. So ein verdammter Spacko! »Der wird gefeuert!«, dachte ich. Ach ne, der arbeitet ja in meinem Fall pro bono.

Ich setzte mich wie empfohlen im Ziel auf eine der Bänke und würgte mir eine Brühe mit extra Salz rein. »Du siehst ja gar nicht mehr gut aus«, sagte der Helferinnen zu mir. Nach ihrem Ausspruch blieb sie stirnrunzelnd und Zigarette rauchend vor mir stehen und beobachtete mich. »Danke! Du bist auch hässlich, und das ganz ohne Laufen«, dachte ich kurz! Musste das sein? Mir ging es doch schon beschissen genug! Während ich da so saß, beobachtete ich einen anderen Läufer, der gerade mit seiner Frau im Gespräch war. Ich entnahm den Wortfetzen, dass er mit dem Gedanken spielte, aufzugeben. Meine Chance! Ich näherte mich ihnen und sagte: »Hey, wenn es dir auch scheiße geht, dann lass es uns gemeinsam probieren. Ich wollte auch aufgeben. Wir gehen jetzt einfach noch ein Stück, und dann laufen wir langsam wieder los!« Er überlegte kurz und sagte dann zu. Juchhe, ich war nicht mehr allein!

Wenige Hundert Meter weiter fing es auf einmal an, wie aus Eimern zu gießen. Wir lenkten uns mit einem Gespräch ab. Er hieß Joachim, ein Rheinländer. Er lief unglaublich viel. Fast jedes Wochenende einen Marathon. Auch so verrückte Sachen wie im Gefängnis oder auf einer Motorcross-Strecke. Und so liefen wir gemütlich durch den Regen, bis auf einmal ein Radfahrer direkt hinter uns fuhr. »Überhol halt, du Volldepp!«, dachte ich und kam mir schon ein wenig gestalkt vor. Der fuhr da knapp einen Meter hinter uns her. Da eröffnete er uns, dass er der Besenwagen sei. Bitte was? Das konnte nie und nimmer sein! Ich hatte so viele Leute überholt oder zumindest hinter mir gelassen, das war doch unmöglich. Heiko, so hieß der Besenwagenfahrer, klärte uns auf. Er habe alle hinter uns liegenden 100-Kilometer-Läufer, die bei 70 Kilometern aufgegeben hätten, überholt – und somit waren wir auf einen Schlag ans Ende gerutscht. Na toll. Jetzt kam zu den müden Beinen und dem Kackwetter auch noch die dunkle Wolke des Besenwagens. Ich war am Ende. Warum musste ich Depp auch Joachim überreden, mit mir bis zum Ende zu laufen! Ohne ihn hätte ich doch prima bei meinem Dad in den Smart steigen können, der stand schließlich alle paar Kilometer am Wegesrand. Aber jetzt mussten wir da irgendwie durch.

Heiko war auch ein netter Kerl. Er war auch Ultraläufer und hatte einige spannende Anekdoten zu erzählen. Außerdem ist jemand mit Fahrrad als Begleitung sowieso immer super, wenn man läuft. Joachim und ich kämpften uns also – dicht gefolgt von Heiko – Kilometer für Kilometer voran. Ich fing an, bescheuerte Rechenspiele im Kopf zu machen. Stand am Wegesrand die 79, dann wusste ich, dass wir bereits einen Meter hinter dem Schild den 80. Kilometer in Angriff genommen hatten, also liefen wir ja schon auf die 19 zu. So was kann gefährlich sein, vor allem, wenn man sich mit seiner Matschbirne irgendwann verrechnet. Und dann steht man da völlig entgeistert vor einem Schild, an dem man doch vermeintlich schon vor einem Kilometer vorbeigerannt ist.

Unsere Gehpausen wurden regelmäßiger, und damit wurde es von Mal zu Mal schwieriger, wieder anzulaufen. Immer wieder guckten wir auf die Uhr. Die benötigte Cut-off-Zeit von 13 Stunden lag uns die gesamte Zeit über im Nacken. Es war der blanke Horror! Aber als wir noch etwa eine Viertelstunde Zeit hatten, hörten wir aus dem vor uns liegenden Ort laute Geräusche. Partystimmung, die Stadionsprecherstimme, Publikumsklatschen. Das musste Wertheim sein. Heiko war nicht mehr bei uns, da wir zwischenzeitlich einen humpelnden Läufer überholt hatten. Wir wurden schneller. Die Wolken öffneten sich nun richtig, und es begann in Strömen zu regnen. Wir aber waren wie beflügelt. Und dann ging alles ganz schnell: Schnell noch durch die Stadtmauer laufen, und schon standen wir im Ziel. Ich war komplett am Ende. Joachim und ich sind durch die Hölle gegangen. Zusammen. Ähnlich miteinander verbunden fühlen sich wahrscheinlich Soldaten, die Seite an Seite Schreckliches durchlebt haben.

Ich machte noch ein schnelles Zielfoto im Regen und ging dann mit meinem Vater ins Hotel. Ich merkte, dass ich kaum imstande war, normal zu gehen. Sitzen war ein noch größeres Problem. Im Hotel ange-

FUCK YOU, BESENWAGEN!

kommen, bin ich erst mal in die Badewanne, aus der ich kaum wieder rauskam. Doch noch schlimmer: Ich musste aufs Klo, schaffte es aber nicht mehr, die Klobrille hochzumachen. Zum Glück war mein Vater im selben Hotel untergebracht. Ich rief in an, schilderte meine Not(durft)lage, und er eilte zu Hilfe. Ich war steif wie ein Brett, und Sitzen oder Beugen war absolut nicht mehr drin.

Nach fast allen meinen langen Läufen kann ich vor Aufregung in der folgenden Nacht nicht schlafen. So auch nach diesem Rennen. Ich war 100 Kilometer gelaufen! Wie crazy war das, bitte? Allerdings hatte ich wirklich meine Grenzen ausgetestet. Die 100 Meilen standen seitdem nicht mehr ganz so weit oben auf meiner Bucket List. Ich muss mir ja auch noch ein wenig was fürs Alter aufsparen.

#15

FAT BOYS RUN

LASS UNS ÜBERS LAUFEN REDEN!

FATBOYSRUN
RENÉ (L.) UND ICH SIND DAS GRÜNDERDUO
DES LAUF-PODCASTS.

Celluleute und Happyday waren bereits recht erfolgreiche Podcasts, als ich mit dem Laufen anfing. Ich eroberte mir gerade erst das Laufen. Mein erster 10-Kilometer-Lauf war gefinisht, und ich war absolut in meinem Element. Ich hatte Mitteilungsbedarf. Jedem Menschen, dem ich begegnete, erzählte ich, wie toll das Laufen doch sei. Egal, ob die Person auch nur das geringste Interesse daran hatte oder nicht, ich habe sie zugetextet. Ich war wie so ein nerviger Missionar, der einen – koste es, was es wolle – vom Heiland überzeugen möchte. Ich hatte den Schlüssel zum absoluten Glück gefunden, da wollte und musste ich doch jetzt den Rest der Menschheit glücklich machen! Und so dauerte es nicht lange, bis ich auch im Happyday-Podcast meine Lobgesänge auf den Laufsport zum Besten gab. Roman war ja mit allen Wassern des Zugetextet-Werdens, gewaschen, also ertrug er brav meine verbalen Wasserfälle. Trotzdem wurde der Laufsportanteil im Happyday-Podcast langsam zu groß, das merkte ich schließlich auch selbst.

Irgendwann dachte ich mir, dass ich ja vielleicht auch einfach einen Erzähl-Podcast ins Leben rufen könnte. Vielleicht mehrere Folgen solo meinen Weg zum Marathon beschreiben. Mittlerweile habe ich mit Philipp Jordan ungeschnitten ja auch einen Solo-Podcast ins Leben gerufen, aber damals schien mir die Vorstellung, ohne Partner die ganze Zeit sabbeln zu müssen, beängstigend. Ich brauchte zumindest jemanden, dem ich meine Geschichte erzählen konnte. Einen stillen Zuhörer sozusagen. Jemand, der ab und zu eine Frage stellen konnte und an den richtigen Stellen lachte. Ich durchforstete meine Timeline auf Facebook. Seitdem ich in meinen Podcasts immer wieder rumposaunte, wie viel Spaß das Laufen doch mache, hatte ich auch viele Läufer in der Freundesliste. Nach etwas Scrollen blieb ich bei einem Profilfoto hängen. Ich sah einen Mann mit Glatze auf irgendeinem Indoor-Hinderniskurs in Laufklamotten. Er hieß René und sah äußerst sympathisch aus. Ich schrieb ihn spontan an, erklärte ihm, was ich vorhatte, und fragte, ob er eventuell auch Bock auf so etwas hätte. Es stellte sich raus, dass er mich mal auf Facebook angefragt hatte, weil er Celluleute-Hörer war. Er hatte Lust drauf.

Der Ursprungsplan war: Wir machen einen Cast, der meinen Weg zum ersten Marathonlauf begleitet – und danach ist Schluss. Zum Glück haben wir das gesamte Konzept recht schnell über Bord geworfen. René war nicht einfach nur stummer Zuhörer, sondern gleichwertiger Part des Podcasts. Er konnte von Hindernisläufen, seinem Laufverein und vielen anderen Dingen erzählen, wir ergänzten uns prima. Kurz nachdem ich den Marathon allerdings im Kasten hatte, fragte René, ob wir den Cast nicht lieber einstellen wollten. Es sei ja jetzt alles erzählt. Zu diesem Zeitpunkt war ich aber gerade erst warmgelaufen. Wir machten dann zum Glück doch weiter und erweiterten unsere Themenschwerpunkte. Unsere fast wöchentlich erscheinende Arbeit wurde langsam vom Publikum honoriert. Immer öfter standen wir bei iTunes ganz oben in der Kategorie Sport. Und eines Tages interviewte ich unseren ersten Gast. Ich fühlte mich wie ein echter Journalist. Ich fand es aufregend und spaßig zugleich. Wir behielten das bei. Sobald jemand ein interessantes Buch geschrieben hatte oder uns aus anderen Gründen aufgefallen war, luden wir ihn in den Podcast ein. So wurden wir heimlich, still und leise zu einer interessanten und wichtigen Plattform für Läufer, Autoren und Sportartikelhersteller.

Für den anstehenden Utrecht Marathon planten wir unser erstes Hörertreffen. Wir hatten keine Ahnung, was wir zu erwarten hatten. Es war ein bunter Haufen, der sich da beim Italiener versammelt hatte, aber wir fühlten uns sofort wie eine unzertrennliche Community. Wir gehörten zusammen. In den Folgejahren lud ich einfach alle am Vorabend des Marathons zur Pasta-Party zu uns ins Haus ein. Teilweise drängelten sich über 30 Menschen in unserem Wohnzimmer, und jedes Mal war es eine sehr lustige Runde. So muss es sich anfühlen, wenn man in einem Laufverein ist. Man rückt als große Gruppe beim Start an und ist wie eine Familie. Hat jemand ein Problem, ist es das Problem aller. Man kann sich gegenseitig beruhigen oder letzte Tipps geben. Einige kamen auch mit FatBoys-Run-Shirts zur Startlinie, was den Teamgedanken noch weiter stärkte. Ich habe diese Treffen jedes Mal unheimlich genossen. Es war auch immer eine tolle Gelegenheit, um sich auszutauschen und andere Standpunkte zu hören. So ein Podcast ist ja eher eine sehr einseitige Sache.

Über die Jahre kamen unzählige neue Lauf-Podcasts raus. Teilweise mit großen Verlagen im Rücken, teilweise extrem auf hip gebürstet, aber unser kleines dickes Logo-Männchen war doch meist ganz oben in den Charts zu finden. Das ist einfach die Power von Podcasts. Ein sabbelnder Fettsack kann von seinem holländischen Wohnzimmer aus mit einem Läufer vom Rhein skypen, das Ganze wird aufgenommen, und zusammen macht man plötzlich den größten Lauf-Podcast Deutschlands. Stück für Stück wurden wir in der Laufszene bekannter. Eine Laufzeitschrift interviewte uns, eine andere machte irgendwo am Rand auf uns aufmerksam. Wir fanden also in der Laufszene statt.

Eines Tages schrieb mich Michael Arend an. Ich hatte ihn mal für FatBoysRun interviewt, als er den Zugspitz Ultratrail gewonnen hatte, ich kannte ihn von Facebook. Er wollte wissen, ob ich jemanden kennen würde, der lange Distanzen als Ziel hatte und Lust hätte, an einem Podcast mitzumachen, in dem er von Michael gecoacht würde. Ich antwortete: »Ja, ich kenne da einen! Mich!?« Genau darauf hatte er spekuliert. Wir nannten den Podcast »Läuft bei mir«, und das Konzept kam super an. Ich castete weiterhin auch mit René. Aber es klickte nicht mehr so 100%ig zwischen uns. Die gemeinsamen Folgen wurden seltener, und wir interviewten sehr oft, was wir immer einzeln taten. Im Jahr 2018 eröffnete René mir dann, dass er keine Zeit mehr für den Podcast hätte. Ich war erst mal geschockt. Der Podcast war so erfolgreich, warum jetzt damit aufhören? Aber er hatte seine Entscheidung getroffen. Bei einem Podcast einen Sprecher zu wechseln, ist eine sehr heikle Sache. Die Hörer gewöhnen sich mit der Zeit an ein eingespieltes Team. Aber ich wollte FatBoysRun auch nicht einfach untergehen lassen. Also fragte ich einfach Michael. Unser anderer Cast hatte ein so enges Korsett, was das Konzept betraf, dass wir da sowieso gerade etwas in der Luft hingen. Ich konnte ja nicht ständig und immer im Training für irgendein Rennen sein. Michael hatte Lust auf FatBoysRun.

In vielerlei Hinsicht war das ideal für den Cast. René und ich mögen zwar viel Wissen durch Fachliteratur angehäuft haben, aber letztendlich sind wir doch Laien. Ziemlich langsame Laien dazu. Michael war nicht nur ein absoluter Fachmann, der alles wissenschaftlich untermauern konnte, er gewann auch regelmäßig Rennen. Das konnte man weder von René noch von mir behaupten. Aber es war natürlich trotzdem nicht leicht, René, den ursympa-

DAS NEUE DUO
MEIN TRAINER UND PODCAST-PARTNER MICHAEL
AM LETZTEN TAG DES HOME2HOME.

thischen Rheinländer, zu ersetzen. Eigentlich ging das gar nicht. Wir haben das deswegen auch gar nicht erst versucht. Michael war einfach eine eigenständige Person. Eine neue Geschmacksrichtung. Dafür konnten wir ab jetzt massig Fragen beantworten, die die Hörer zu Training, Verletzung oder Nahrung einschickten.

Es war im November 2017, wir waren gerade als neues Duo durchgestartet, da wurden wir für den Deutschen Podcast Preis nominiert. Wir befanden uns dort in netter Gesellschaft mit anderen Podcasts, wie beispielsweise dem Running Podcast, der – ganz ähnlich wie FatBoysRun – auch ein Leidenschaftsprojekt eines Laufbegeisterten ist. Da wir mit Fußball-Podcasts in einer Kategorie nominiert waren, rechneten wir uns im fußballverrückten Deutschland nicht viel Chancen aus. Aber wir gewannen. Eine sehr hohe Anerkennung, auf die ich noch heute stolz bin, da der Preis vom Publikum gewählt wird. René und Michael, vielen Dank für euren großen Anteil an diesem Erfolg.

Über das Laufen kann ich immer reden. Es gibt so viele Aspekte und Themen, die dieser Sport hergibt, da werden mir nie die Worte ausgehen. Es ist schön, diese Leidenschaft mit so vielen Menschen teilen zu können. Immer, wenn es bei mir mal nicht so super läuft, bekomme ich aufmunternde Worte aus der Community. Andere motivieren mich allein durch ihre krassen sportlichen Leistungen. Ich habe sehr viele Stunden in diesen Podcast geballert, aber ich bekomme so viel mehr zurück. Nein, nicht Stunden! Und ich meine auch nicht die paar Euro, die ein Werbeblock einbringt. Es ist das Feedback, es sind die Briefe, in denen uns Menschen danken, da wir ihnen geholfen haben, Gewicht zu verlieren. Es sind die vielen Menschen, die mich auf meinem Home2Home begleitet haben. Die zahlreichen Ratschläge und Zusprüche, die ich gemailt bekomme, wenn ich im Podcast mal wieder ein Problem anspreche. Es sind die netten Begleitungen, die ich genieße, wenn ich in einer mir fremden Stadt laufen will und im Netz frage, wo das denn am besten geht. Selbst Pakete mit kleinen Geschenken kamen schon an. Ich bin also eigentlich derjenige, der sich bedanken müsste. Danke, dass ihr zuhört! Ich habe noch viel zu erzählen.

EPILOG:
DIE RETTUNG

Laufen rettet mir täglich aufs Neue das Leben. Das mag vielleicht etwas dramatisch klingen. Ich merke das aber vor allem in den Zeiten, in denen ich nicht laufe. Laufen gibt mir Energie. Laufen macht mich glücklich. Nicht nur während des Laufes, sondern nachhaltig. Wenn ich nicht laufe, kompensiere ich diese Suche nach Glück mit ekelhafter Fresserei, werde fett und unglücklicher.

Die Lauferei hat mir gezeigt, dass ich Ziele erreichen kann, die ich für absolut unerreichbar gehalten hatte. Ich habe gelernt, dass Durchhaltevermögen und Vertrauen in sich selbst Berge versetzen können. Ich habe gesehen, dass es eine große Freude sein kann, sich zu schinden. Dass ich dafür sogar gern am Wochenende früher aufstehe.

Es ist nicht einfach, diese Liebe jemandem begreiflich zu machen, der dieses Glück nie erfahren hat. Das liegt mitunter daran, dass der Einstieg zu diesem Sport die Hölle sein kann. Ich merke das selbst jedes Mal, wenn ich aus einem Lauftief krabble und schweratmig meine ersten Runden drehe, meine Lunge am liebsten auskotzen würde, während ich nebenbei knapp am Herzkasper vorbeischramme. Aber wer das Ganze easy angeht, zwischendurch Gehpausen macht und die Umfänge langsam steigert, der wird irgendwann in den Hochgenuss des wahren Laufens kommen. Dieses majestätische Gefühl, wenn man fast schon über die Pfade schwebt. Der Körper ist durchblutet und warm, die Stirn bedeckt von Schweiß, die Maschine läuft. Ich setze dann nicht mehr mühsam und bewusst einen Fuß vor den anderen. Ich erreiche einen völlig entspannten Zustand, und der Körper scheint ganz von allein das zu machen, was er soll.

Ich habe in meinem Leben ja durchaus schon versucht zu meditieren, aber es ist mir irgendwie nie wirklich gelungen. Bis ich merkte, dass ich beim Laufen dem Meditieren wohl am nächsten komme. Ich kann abschweifen, bin aber nicht abgelenkt. Kein Social Media, keine Mitmenschen, einfach nur die angenehmen, monotonen Klänge meines hechelnden Atems und meiner Patschefüße auf dem Asphalt.

EPILOG

Mir kamen die besten Ideen beim Laufen. Ich habe beim Laufen Streitereien in Relation setzen können, konnte von angestautem Groll oder falschem Stolz loslassen. Viele denken ja, dass Laufen Energie raubt, müde macht und Kraft kostet. Aber Laufen gibt Energie. Laufen spendet Kraft. Laufen macht glücklich. Mag cheesy klingen, ist aber so.

Das Laufen hat mir Bekanntschaften geschenkt. Ich fühle mich durch das Laufen mit vielen Menschen verbunden. Ich bin Teil eines wundervollen Podcasts und darf interessante Menschen interviewen. Ich schreibe Artikel in Laufzeitschriften. Ich habe mit mir zuvor wildfremden Menschen gemeinsam die Hölle durchquert, und ich bin mit diesen Menschen in einem Himmel geendet, der sich Ziel nennt. Dort habe ich schon oft aus Freude geweint.

Laufen hat mir mehr Glück, Spaß und Freude bereitet, als es jede Droge dieser Welt je tun könnte. Und auch, wenn ich mich manchmal aufraffen muss, um bei Sauwetter meine Laufschuhe zu schnüren, so weiß ich, dass ich schlussendlich belohnt werde. Es tut mir gut. Körperlich wie seelisch.

Die größte Errungenschaft des Laufens ist aber zweifelsohne die Bezwingung des Mehr-Monsters. Denn hier hatte es mich nicht nur wie so oft vorher gebissen, nein, hier habe ich zurückgebissen. Denn das Laufen hat mich auf eine unglaublich befriedigende Art an meine Grenzen geführt. Es hat mich das Verlangen nach Mehr ausleben lassen und mir gezeigt, wie ausgeglichen ich sein kann, wenn ich mich regelmäßig bis zur totalen Erschöpfung peitsche. Im Laufen habe ich ein Mehr gefunden, das mich zum ersten Mal ruhiger werden ließ. Es tut mir seelisch und körperlich gut, anstatt mir zu schaden.

Danke, Laufen!

Mein größter Dank gilt meinen Eltern, dafür, dass sie mich immer unterstützt haben und mir immer ein gutes Vorbild waren. Ich liebe euch!
Ich möchte meiner Frau und meinen Kindern danken. Danke Alexi, dass du mein Fels in der Brandung bist. Ich liebe dich! Die Kinder und du sind meine Welt und mein Glück.
Weiterer Dank geht raus an: Niko Schmidt für die gute Zusammenarbeit sowie Michael Arend, meinem Trainer und Podcast-Partner, Roman Richter, Carsten Pohl, Justin Deutscher, Memo Jeftic, Steffen Neupert, Maniac-Eliteforum, Khalil Böller, die gesamte CMC Crew, Marius Diaconu, alle Läufer, die mich begleitet haben, René Krebber, Riky Palm, Simon Krätschmer, Etienne Gardé, Rafael Fuchsgruber, Ralf Kerkeling, Florian Fräter, und alle, die ich vergessen habe.

Bibliografische Information der Deutschen Nationalbibliothek
Die Deutsche Nationalbibliothek verzeichnet diese Publikation in der Deutschen Nationalbibliografie; detaillierte bibliografische Daten sind im Internet über http://dnb.dnb.de abrufbar.

1. Auflage
ISBN 978-3-667-11828-8
© Delius Klasing & Co. KG, Bielefeld

Lektorat: Niko Schmidt
Abbildungsnachweis:
Alle Illustrationen: Philipp Jordan
Daumenkinoanimation: Justin Deutscher
Einbandrückseite: Philipp-Jordan-Privatarchiv
Innenteilfotos: Alle Philipp-Jordan-Privatarchiv außer:
Michael Arend: 21 (u., 2); Tina Bergmann: 176/177; Johannes Eppinger: 38, 46; Rafael Fuchsgruber: 28/29, 56; Markus Lamers: 156/157, 158; Holger Müller: 138 Steffen Neupert: 6/7, 18; Francesco Sala: 4/5; Klaus Zimmermann: 21 (o.)
Einbandgestaltung und Layout: Felix Kempf, fx68.de
Lithografie: Mohn Media, Gütersloh
Gesamtherstellung: Print Consult, München
Printed in Slovakia 2020

Alle Rechte vorbehalten! Ohne ausdrückliche Erlaubnis des Verlages darf das Werk weder komplett noch teilweise reproduziert, übertragen oder kopiert werden, wie z. B. manuell oder mithilfe elektronischer und mechanischer Systeme inklusive Fotokopieren, Bandaufzeichnung und Datenspeicherung.

Delius Klasing Verlag, Siekerwall 21, D - 33602 Bielefeld
Tel.: 0521/559-0, Fax: 0521/559-115
E-Mail: info@delius-klasing.de
www.delius-klasing.de

LESEPROBE

ANDREA LÖW

HAPPY RUNNING

LAUFEND DIE
WELT ENTDECKEN

DELIUS KLASING

208 S., Format 14,2 x 22,0 cm, Klappenbrochur
Euro 16,90 (D)/17,40 (A), ISBN 978-3-667-11570-6
www.delius-klasing.de
E-book: 13,99 Euro

> **LESEPROBE**

Laufen ist sehr oft eine einsame Angelegenheit, und das mag ich sehr gern. Ich bin so oft unter Menschen, reden hier, Smalltalk dort, immer präsent, immer auf Leitung. Da tut es unglaublich gut, stundenlang allein durch großartige Landschaften zu laufen. Aber, und jetzt kommt das große Aber: Laufen ist auch ein soziales Erlebnis, und diesen Aspekt mag ich auch, mindestens genauso. Ich laufe mit Freunden, bin aktiv in Lauftreffs, fahre gemeinsam mit Lauffreunden zu Wettkämpfen, bin als Coach in Camps tätig. Was ich aber auch meine: Unterwegs treffe ich immer wieder Menschen, und die Begegnung mit ihnen berührt mich häufig sehr. Gerade bei meinen Läufen in fernen Ländern gehen die wunderbare Umgebung und die Kontakte häufig eine Verbindung ein, die diese Laufabenteuer für mich so besonders machen und in der Erinnerung stark prägen. Ich hätte genauso gut ein Kapitel »Landschaften und Begegnungen« schreiben können.

Es gibt da diesen einen Lauf, der vieles bei mir bewegt und in Gang gesetzt hat, und in dem beides – grandiose Landschaften und spannende Begegnungen – in einem symbiotischen Einklang waren und mich nicht mehr losgelassen haben. 2015 war für mich ein sehr besonderes Läuferinnenjahr: meine ersten 100 Kilometer auf Menorca im Mai, später im November der New York Marathon. Dazwischen aber, im Oktober 2015, bin ich in Marokko gelaufen, und es ist dieser Wettkampf, der bei mir diese Sehnsucht nach Läufen in fremden Ländern, die zugleich dieses Gefühl von Abenteuer vermitteln, hervorgerufen hat. Im Grunde hat der Lauf in Namibia in Marokko begonnen – ihr versteht, was ich meine?

Marokko: Wie uns der alte Mann mit dem Esel den Weg zeigen musste

Am Morgen nach dem Ultra Trail Atlas Toubkal (UTAT) sitze ich in Oukaimeden in der Sonne, warte auf den Bus, der uns schon vor Stunden zurück nach Marrakesch bringen sollte, und der bestimmt irgendwann kommt – »Inschallah«, so Gott will. Das ist auch bei uns deutschen Läufern zum geflügelten Wort geworden.

Ich starre in diese wunderbare Landschaft, beobachte die Menschen und kann kaum glauben, was ich hier in den vergangenen Tagen erlebt habe. Um mich wuseln viele Läufer herum, Händler versuchen in all dem Treiben ihre Ketten an den Mann beziehungsweise die Frau zu bringen oder sie gegen gebrauchte Laufschuhe, ein sehr begehrtes Gut, zu tauschen. Ich bin entspannt, zufrieden und sehr happy.

In den Jahren zuvor hatte ich schon immer auf dem Flug nach Fuerteventura, wo ich so gern Urlaub mache, sehnsuchtsvoll auf

LESEPROBE

diese marokkanischen Berge hinuntergeschaut und gedacht, dass ich da unbedingt mal hin möchte. Pascal und ich beschließen im Laufe des Jahres, unseren Urlaub in Marokko zu verbringen und zwischen Marrakesch und Agadir eben auch einige Tage in Oukaimeden einzuplanen, Marokkos einzigem alpinem Skiort, dem Start- und Zielpunkt des UTAT. Wir melden uns für die Challenge an, bei der am ersten Tag ein Marathon mit fast 3.000 Höhenmetern und am zweiten Tag 26 Kilometer mit 1.400 Höhenmetern gelaufen werden.

Wir beginnen unser Abenteuer Marokko mit zwei Tagen in Marrakesch. Schon die Ankunft ist der Wahnsinn. Der Fahrer der Unterkunft, der uns vom Flughafen abholt, fährt durch von Palmen gesäumten Straßen in das Zentrum, es wird immer wuseliger, ich sehe die ersten Kamele, starre mit offenem Mund aus dem Fenster. Am Djamaa el-Fna, dem »Platz der Geköpften«, hält er an, in die Altstadt, die Medina, kann er nicht weiterfahren. Ein alter Mann mit einem Handkarren nimmt uns und unsere Koffer in Empfang und geht mit uns über den Platz. Wir sind im historischen Zentrum der Stadt. Der Name des Platzes rührt daher, dass hier früher Verbrecher hingerichtet und ihre Köpfe so lange ausgestellt wurden, bis nur noch die kahlen Schädel übrig waren. Heißt es. Ob das stimmt – wer weiß? Heute ist der Platz eine riesige Attraktion, Akrobaten und Schlangenbeschwörer zeigen, was sie können, Märchenerzähler sind von Menschen umringt, Frauen sitzen auf Hockern und bieten Henna-Tattoos für Hände und Füße an. Es ist laut, verwirrend, ein ganz eigener Geruch zieht mir in die Nase. Ich versuche, all die Eindrücke zu verarbeiten, während ich dem alten kleinen Mann folge, der zielstrebig mit unserem Gepäck den Platz überquert. Erst durch einen Torbogen, dann um zwei Ecken, die Gassen werden immer enger und ich frage mich, wie wir ohne einen Guide jemals hier hergefunden hätten.

Unsere Unterkunft verzaubert mich in dem Moment, in dem ich sie betrete. Mehrere hundert Gästehäuser in der Altstadt sind alte, renovierte Stadthäuser, sogenannte Riads. Unseres ist wunderschön, im Innenhof werden wir eingeladen, uns erst einmal zu setzen und bekommen den typischen süßen Minztee und süßes Gebäck, während der Besitzer uns Restaurants und Sehenswürdigkeiten empfiehlt (die wir später fast alle nicht finden werden, da wir in der Altstadt ständig die Orientierung verlieren). Dann führt er uns in unser orientalisch gestaltetes Zimmer, es riecht ganz wunderbar nach der hauseigenen Seife und dem Arganöl, das ich direkt kaufe. Auf der Dachterrasse werden wir in den folgenden zwei Tagen frühstücken, über den Dächern der Medina. Ganz in der Nähe ist eine Moschee, am zweiten Morgen weckt uns sehr früh der durchdringende Ruf des Imam, ich schrecke hoch, aber auch das gehört dazu.

LESEPROBE

Wir lassen uns treiben, verlaufen uns permanent in den engen Gassen der Medina, versuchen immer wieder, dem kleinen, kopierten, aber eher ungenauen Plan, den der Besitzer des Riad uns in die Hand gedrückt und mit vielen Markierungen versehen hat, zu entnehmen, wo wir gerade hingehen müssen, und kommen doch immer wieder ganz woanders raus. Kleine Jungen wollen uns für ein kleines Bakschisch, ein Trinkgeld, den Weg erklären, aber auch das funktioniert nur sehr eingeschränkt. Macht alles nichts, lassen wir eben einige Sehenswürdigkeiten aus und schlendern ziellos durch Gassen und über die Märkte. Die bunten Gewürze, der Tee, die Geräusche, das alles berauscht mich.

Vor allem der »Djamaa el-Fna« ist unglaublich, die Melodie der Schlangenbeschwörer geht mir lange nicht aus dem Kopf, wir trinken frisch gepressten Orangensaft auf dem Platz selbst oder Minztee in einem der umliegenden Cafés mit Blick auf den Platz und beobachten das irre Treiben. Alles wirkt fremd, geheimnisvoll, faszinierend. Ich sehe, rieche und höre den Platz, es ist ein Fest für die Sinne.

Nach zwei spannenden Tagen in Marrakesch bringt uns ein Bus nach Oukaimeden. Zeltübernachtungen wären im Startgeld inklusive gewesen, gegen Aufpreis ein Mehrbettzimmer in einer Hütte des französischen Alpenvereins. Wir gönnen uns aber den Luxus und übernachten in der einzigen Pension vor Ort, dem Chez Juju. Eine gute Entscheidung, wie sich schon am ersten Abend herausstellt: Es wird empfindlich kalt hier oben auf 2.650 Metern Höhe in Marokkos einzigem hochalpinen Skigebiet (Notiz am Rande: Bis zu diesem Zeitpunkt wussten wir gar nicht, dass Marokko ein solches hat). Beim Abendessen im großen Zelt, zubereitet und serviert von Berbern, frieren wir ziemlich. Und dennoch: Ich sauge die Atmosphäre in mich auf, starre immer wieder auf die orientalisch gekleideten Männer, von denen ich hier mein Essen bekomme. Alles ist aufregend.

Wir sind bereits zwei Tage vor dem Start vor Ort, eine weitere gute Entscheidung. Am Vortag des Marathons können wir so eine leichte Wanderung unternehmen und uns ein kleines bisschen an die Höhe gewöhnen. Die 3.000 Meter-Marke erklimmen wir schon, das ist psychologisch wichtig. Und außerdem ist schon diese kleine Tour ein Traum: Nach einem längeren Aufstieg erblicken wir in der Ferne den mit Schnee bedeckten Gipfel des Toubkal, des mit über 4.100 Metern höchsten Bergs Marokkos. Der Anblick ist überwältigend.

Der Tag verläuft ruhig, wir registrieren uns und unsere recht umfangreiche Pflichtausrüstung wird kontrolliert, am Abend noch Briefing, Abendessen und ab ins Bett, der Wecker klingelt schließlich um 4 Uhr. Um 6 Uhr, es ist dunkel und kalt, lau-

LESEPROBE

fen wir am nächsten Morgen los, gemeinsam mit den 105-Kilometer-Läufern, von denen sich unser Weg nach etwa 16 Kilometern trennt. Ich bin aufgeregt und freue mich. Dann geht es los, leider nicht nur das Rennen, sondern auch meine Magenprobleme. Es grummelt wie verrückt. Auf den ersten Kilometern, die stetig bergauf gehen, habe ich derartige Magenkrämpfe, dass wir bald recht weit hinten sind und ich eigentlich nur auf der Suche bin nach Büschen – gar nicht vorhanden – oder Felsen – spärlich und zu klein vorhanden. Ich will doch auch nicht von Stirnlampen angeleuchtet werden, wenn ich irgendwo im Atlasgebirge hocke … Zum Glück müssen wir Medikamente gegen Durchfall in der Pflichtausrüstung dabeihaben, es ist das erste Mal, dass ich die bei einem Rennen dabei habe, und gleich brauche ich sie. Irgendwann später wird es besser. Hat jemand gesagt, dass Ultralaufen immer einfach ist? Und vertrage ich zwangsläufig alles aus der marokkanischen Küche, auch wenn es in stilvollem Ambiente von Berbern serviert wird? Zweimal nein muss die Antwort wohl lauten.

Den grandiosen Sonnenaufgang da oben in den Bergen kann ich zum Glück trotzdem genießen. Das Licht ist unglaublich, wir laufen der aufgehenden Sonne entgegen, überall um uns herum nur Berge, die im warmen Morgenlicht rot erscheinen. Unglaublich, für diesen Blick hat sich schon alles gelohnt!

Im Grunde hören die Aussichten in den folgenden Stunden niemals wirklich auf, spektakulär zu sein. Ein langer und harter Anstieg mit 1.300 Höhenmetern am Stück, der noch durch die Höhe (wir kommen hier über 3.100 Meter) erschwert wird, gerät durch die wunderbaren Blicke nie zur Qual. Ja, es ist anstrengend, sehr sogar. Und ja, ohne Magenprobleme wäre es leichter. Und ja, wenn wir uns nicht schon einmal verlaufen und aus dem Marathon einen Ultralauf gemacht hätten, wären wir schon weiter. Aber das Erlebnis ist zu gigantisch, als dass uns irgendetwas davon hier die Laune wirklich verderben würde.

Manchmal laufen wir durch kleine Berberdörfer, das begeistert mich besonders. Hier kommen sonst keine Touristen hin, das merkt man. Die Menschen sind neugierig auf uns und freundlich, sie winken uns zu. Manche schauen uns auch nur leicht verwundert an. Die Häuser sind einfach, es ist spannend, hier zu laufen. Manchmal auch etwas deprimierend: Da ist der freundliche Herr mit dem riesengroßen und vermutlich schweren Sack auf den Schultern, der uns bergauf immer wieder lachend überholt, uns vorbeigehen lässt, uns wieder überholt. Und so viel Spaß dabei hat. Notiz am Rande: Wir schleppen uns die Serpentinen in Schlangenlinien hoch, er kürzt ab und nimmt den direkten, richtig steilen Weg. Wir haben einen leichten Hightech-Rucksack auf den Schultern, er den riesigen Sack. Ähnlich ist es mit den Kindern, die mit »Bonjour«-Rufen hinter uns her-

LESEPROBE

laufen und sich weder abhängen lassen noch außer Atem kommen. Die Kinder haben leichte und einfache Schlappen an, wir sind die mit den teuren und ausgeklügelten Trailrunning-Schuhen. All diese Bilder bleiben in meinem Kopf, rücken dort das eine oder andere zurecht. Alles eine Frage der Perspektive, immer wieder.

Die Sonne brennt, aber aufgrund der Höhe wird es nie zu heiß. Trotzdem trinken, trinken, trinken wir. Die Luft ist trocken und, essen kann ich kaum. Als wir kurz vor der zweiten und letzten Verpflegungsstelle nach einem langen Downhill unsere Wasservorräte aufgebraucht haben, finden wir für einen Moment die Wegmarkierungen nicht mehr und irren herum. Aus der Ferne beobachtet uns ein älterer Mann mit einem Esel. Er scheint ebenso belustigt über die komischen Läufer wie zuvor der Mann mit dem großen Sack. Er versucht aus der Ferne, uns den Weg zu weisen. Wir verstehen nicht richtig, was er meint, irren immer noch ratlos in der offenbar falschen Richtung umher. Er zuckt mit den Schultern, dreht samt Esel um und führt uns zurück auf die richtige Route. Kurz danach erreichen wir den Verpflegungspunkt und können unsere Wasservorräte auffüllen. Neben der unglaublichen Landschaft sind es Begegnungen wie die mit dem Mann mit dem Esel, die diesen Wettkampf so besonders machen.

Es folgt ein richtig harter Anstieg, der sich endlos zieht. Aber ich höre nicht auf, immer wieder staunend in die Landschaft zu schauen, bin so unendlich dankbar, dass ich das hier erleben darf. Und dieses intensive Gefühl macht einfach alle Qualen wett. Das ist eine Empfindung, die ich bei vergleichbaren Läufen später immer wieder habe. Das Erleben gibt mir so unendlich viel zurück, dass ich in Kauf nehme, dass es anstrengend ist, dass es wehtut.

Oben angekommen, jubeln uns zwei Helfer zu: »Now you are Finisher!« Soso, wir sind also jetzt schon Finisher, finden sie. Denn jetzt geht es nur noch bergab, wir lassen rollen, laufen langsam, aber stetig in Richtung Ziel. Durchwaten noch sinnlos einen kleinen Fluss, weil wir denken, wir sind auf der falschen Seite des Wegs. Aber die nassen Füße sind kurz vor dem Ziel auch egal. Wir sind fertig, aber happy.

Am folgenden Tag schleppen wir uns mit müden Beinen zum Start und laufen zunächst den Schlussteil des Vortages in umgekehrter Reihenfolge. Das bedeutet nach einem Anstieg einen wahnsinnig tollen, langen Downhill. Wir lassen laufen, können einige Läuferinnen und Läufer überholen, ich renne im Flow den Berg hinunter. Danach laufen wir in leichtem Auf und Ab immer wieder auf Berberdörfer zu und dann in engen Gassen durch sie hindurch. Wie schon am Vortag frage ich mich, ob hier jemals Touristen herkommen. Die Menschen beobachten uns, sind neugierig, grü-

LESEPROBE

ßen, zeigen uns den Weg. Immer wieder klatschen wir Kinderhände ab, die sich uns entgegenstrecken.

Zwischendurch erklingt aus einem Minarett der lautstarke Ruf des Muezzins. Mit dem islamischen Gebetsruf Adhan werden die Muslime fünfmal täglich zum Gebet in die Moschee gerufen. Es ist irre, hier durch die Landschaft zu laufen, sich anzustrengen, auf den Trails unterwegs zu sein – und dann plötzlich diesen arabischen Ruf zu hören. Es sind diese vielfältigen Impressionen, die den Lauf so speziell machen, so von allem abheben, was ich bisher gelaufen bin – und die mich letztlich so anfixen, dass ich seither davon geträumt habe, mehr dieser mehrtägigen Läufe in fernen Ländern zu laufen.

Neun Kilometer vor dem Ziel werden wir noch einmal verpflegt. Ein Helfer gibt mir gefühlt literweise Cola, betont, dass es jetzt einen langen, langen, steilen Aufstieg gibt. Ich trinke brav, esse ein paar gesalzene Mandeln, dann machen wir uns auf den Weg. Sieben Kilometer hoch, dann die letzten knapp zwei runter, das ist die Ansage. Wieder verändert sich die Landschaft, es gibt Bäume und Wacholderbüsche, es wirkt ein bisschen, als hätte jemand die Natur hier in kräftigere Farben gehüllt.

Nach einem langen Anstieg sehe ich irgendwann in weiter Ferne zwei kleine rote Punkte. Die Flaggen! Am Checkpoint hatte man uns erklärt, dass es so lange bergauf geht, bis wir durch die beiden marokkanischen Flaggen laufen – und dann nur noch bergab ins Ziel. Nun sehe ich also die Flaggen! Wahnsinn, was für eine Kraft uns das noch einmal gibt! Einen langgezogenen Trail erklimmen wir jetzt nahezu mit links. Ich kann es kaum fassen: Gleich sind wir oben, dann rennen wir einfach nur noch den Berg hinunter und haben es geschafft!

Und dann lassen wir laufen, sehen das Ziel schon längst, passen einfach nur auf, dass wir auf diesen letzten Metern nicht noch blöd stolpern. Am Ende biegen wir in die Straße ein, laufen auch am Chez Juju vorbei, wo uns von der Terrasse zugejubelt wird. Ich genieße die letzten Meter, laufe strahlend durch Oukaimeden. Und dann ins Ziel. Happy, so happy!

Bei der Siegerehrung bedanken sich die Veranstalter bei uns Läuferinnen und Läufern, dass wir gekommen sind, dass wir darauf vertraut haben, in Marokko sicher zu sein. Viele Franzosen hatten in jenem Jahr aufgrund von Sicherheitsbedenken abgesagt. Ich kann nur sagen, dass es keine Sekunde gab, in der ich mich nicht wohl, gar unsicher gefühlt hätte. Das Gegenteil war der Fall.

Nach dem Lauf, einem weiteren wunderbaren Tag in Marrakesch und einer Woche Urlaub am Strand in Agadir, denke ich, dass ich gern bald wieder in Marokko laufen würde. Inschallah – so Gott will!

LESEPROBE

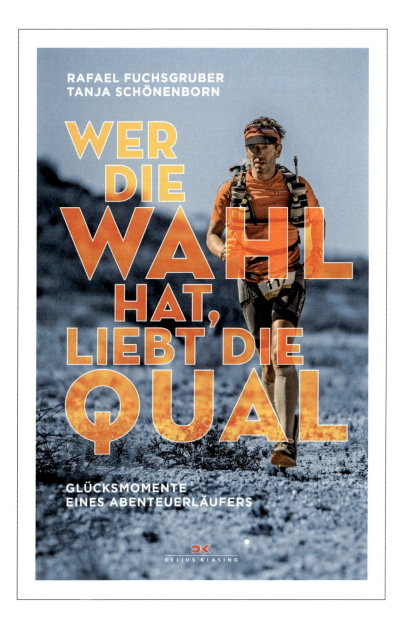

192 S., Format 15,0 x 22,5 cm, Flexcover
Euro 22,90 (D)/23,60 (A), ISBN 978-3-667-11691-8
www.delius-klasing.de
E-book: 18,99 Euro

TIPPS UND TRICKS ...

LESEPROBE

LESEPROBE

TIPPS UND TRICKS ...
... ODER WIE ICH GERN SAGE: TRIPS UND TICKS AUS MEINEN 13 JAHREN WÜSTENLAUF UND CO.

Es sind meine Trips, Ausflüge und meine Ticks. Ich bin nicht ganz unanstrengend, oder wie ich neulich beim Einschlafen zu Tanja sagte: »Wir! haben es auch echt nicht leicht mit mir.«

In diesem Buch sind wir autobiografisch unterwegs, und viele Handlungsstrategien, Trainingserkenntnisse und Equipment-Empfehlungen haben wir im letzten Buch *Passion Laufen* beschrieben. Unsere damaligen Gäste stehen für unglaublich viel Erfahrung und Erfolg, ob Jan Fitschen, Kilian Jornet oder Marco Olmo. Das Interview in Mailand mit Marco hat mich am meisten geprägt. Wie man mit 59 Jahren Weltmeister im Traillaufen beim Ultratrail Mont Blanc werden kann, das ist mir ein Rätsel und ein Ansporn, immer weiterzumachen. In einem Alter, in dem andere mit dem Laufen langsam aufhören, fing Marco an, erfolgreich zu werden – und er hört einfach nicht auf. Wir waren vor zwei Jahren beim Ultra Africa Race, und nach 250 Kilometern stand der mittlerweile 68-jährige Kerl wieder oben in der Mitte auf dem Treppchen.

DIE LIEBE – DAS LAUFEN

Zwei Themen sind, glaub ich, ausschlaggebend. Eines davon: Man sollte das Laufen lieben. Nicht die Ergebnisse, den Erfolg, die Zustimmung – es geht um das Laufen selbst. Ich habe viele Menschen den Satz sagen hören: »Ich liebe das Laufen«, doch sie haben gelogen, vielleicht aber haben sie sich auch einfach nur vertan. Sie gingen am Wochenende zu Rennen – liefen in der Woche aber kaum. Kein Spaß, keine Zeit, zu anstrengend. Ihr merkt es?

Andere wurden älter und fingen an zu hadern, weil die Zeiten schlechter wurden und das Podest, die eigenen Bestzeiten, nicht mehr zu erreichen war. Auch sie fielen raus, hörten auf.

Wenn ich das Laufen liebe, ist mir das doch scheißegal!

Okay: Das Thema Älterwerden ist ein Thema, auch dass man langsamer wird. Aber am Ende ist für mich das Laufen immer noch eine der ganz großen Metaphern über unser Leben. Es ist geradlinig und extrem ehrlich: Du bekommst am Ende genau das zurück, was du reinsteckst. Das ist es auch im Zusammenhang mit dem Älterwerden. Würde ich

LESEPROBE

Schach spielen und es wäre meine große Liebe, könnten mir meine Knie oder der Rücken den Buckel runterrutschen. Nun bin ich kein Moralist – ich schon grad überhaupt nicht – und ich lache dabei laut vor mich hin –, aber trotzdem dranzubleiben, das finde ich angemessen für einen gescheiten Charakter. Ich habe eine sehr junge Tochter – das ist ein noch wichtigerer Grund. Aber letztendlich fällt es mir leicht:

ICH LIEBE DAS LAUFEN!

In der Zeit, in der Tanja und ich an diesem Buch geschrieben haben, hat sich bei Untersuchungen herausgestellt, dass ich Arthrose an den Lendenwirbeln habe. Am Knie eh schon länger. Wir waren kurz zuvor in den Alpen, und ich habe dort das Wandern für mich entdeckt. Theoretisch war mir das schon immer klar, dass das Wandern schön ist. Aber es war das erste Mal für mich, dass ich es getan habe – wieder mal eine Premiere, und die war herrlich. Zurück aus den Bergen, kam die Untersuchung des Rückens, und noch am Tag der Diagnose habe ich einen Post auf Facebook abgesetzt: »Ich höre auf (...).« Und dieser endete nach vielen Worten – ich war ein wenig aufgeregt – mit dem Fazit: »(...) zu trainieren. Ich werde ab jetzt einfach nur noch jeden Tag laufen.« So mache ich das und komme klar. Selbstredend werde ich meine Abenteuerläufe weitermachen.

DER GLAUBE

Das andere Thema neben der Liebe zum Laufen ist die Liebe zu und der Glaube an sich selbst. Das ist nichts Neues, aber immer noch der Kernpunkt. Wir sind immer dann gut, wenn wir etwas lieben und uns selbst vertrauen. Jeder, der nur einen der beiden Aspekte unterschreiben kann, wird niemals eine Chance haben gegen alle die, die beide Haken setzen können. Immer wieder ist dies schön zu sehen bei TV-Übertragungen großer Marathons. Der Smarte, der bei Kilometer 35 die positive Zuversicht zeigt, macht es am Ende. Der Glaube an sich selbst ist ausschlaggebend. Wenn du die Liebe zum Laufen im Gepäck hast und mit dir klar bist, kann nicht mehr viel schiefgehen. Du wirst vielleicht nicht Weltmeister – statistisch gesehen werden das aber sehr wenige, und mit Sicherheit keiner von uns. Also: Wir können uns entspannen und genießen.

SALAMITAKTIK

Kennen wir alle: Lange Strecken werden in Einzelabschnitte aufgeteilt und sehen schon weniger schlimm aus. Man kann sich gut zehn Tage à 50 Kilometer vorstellen, aber 500 Kilometer ist eine dämliche Zahl. Viel zu groß, um es in den Schädel zu kriegen, die Strecke zu lang. Das Ganze geht natürlich auch mit 10 x 5 anstatt 50, wenn man kein Ultraläufer ist. Das funktioniert auch mit einem Marathon. Ist man den erst mal gelaufen, ist der Halbmarathon auf einmal viel kürzer als zuvor. Daraus ergibt sich auch schon der folgende Ansatz:

ANSTRENGUNGSWAHRNEHMUNGSVERÄNDERUNG

Diesen wunderbaren Begriff habe ich das erste Mal bei Julia Böttger gelesen – danke! Nehmen wir das letzte Beispiel. Ich bin in Australien bei »The Track« 520 Kilometer in neun Etappen gelaufen. Hart und schön. Die Jahre zuvor waren es meist 250-Kilometer-Rennen in Etappen oder auch mal 260 Kilometer nonstop durch die Sahara. Jedes Mal hatte ich einen Heidenrespekt, habe meine Hausaufgaben sorgfältig gemacht und gut trainiert, um mit gutem Gefühl an der Startlinie zu stehen.

Nach Australien erwischt sich aber der feine Herr Fuchsgruber in der Vorbereitung dabei, wie er so vor sich hin denkt: »Das Rennen in Sri Lanka wird nicht so wild – sind ja nur 250 Kilometer.« Anstrengungswahrnehmungsveränderung – 250 Kilometer sind immer noch genauso lang wie vorher. Aber wir können unsere Betrachtung mit der Zeit verändern. Aber dafür braucht es halt Zeit.

Und es ist mit allem so. Als ich Tanja kennengelernt habe, hat sie mir erzählt, dass sie die Berge liebt – liebt es, dort zu laufen. Gleichzeitig hat sie mir zu Hause vor jedem Anstieg erklärt, dass sie da gleich nicht hochkommen wird, weil sie keine Bergläuferin ist. Macht ja nix, und zudem war das auch Quatsch. Anstrengungswahrnehmungsveränderung! Wir sind berghoch alle langsamer, es ist anstrengend wie Sau,

LESEPROBE

und alle haben wir dann einen höheren Puls. Das Gleiche gilt, wenn es heiß wird. Auch die Spitzenläufer Kenias müssen mit den Auswirkungen der Hitze kämpfen. Um Haile Gebrselassie (okay, er ist aus Äthiopien) zu zitieren, der vor dem Berlin Marathon auf die Frage, ob er morgen einen neuen Weltrekord laufen werde, kurz und hart antwortete: »Das ist sehr unwahrscheinlich, da wir morgen Temperaturen von mehr als 15 °C auf der Strecke zu erwarten haben.«

Wir haben ein paarmal über Erwartungshaltungen gesprochen, und Tanja hat die Themen Berg und Hitze für sich neu einsortiert. Wir haben trainiert, und ihre Leistung wurde stärker. Zudem konnte sie ihre Sicht dazu anpassen und kam somit doppelt schnell in eine andere Wahrnehmung – und auch schneller den Berg hoch.

SICHTWEISEN

Es gibt diese wunderbare Stelle im Film *Lawrence von Arabien:* Der Bote Willam Potter gibt Lawrence von Arabien (Peter O'Toole) eine Kanne heißes Wasser für den Tee und verbrennt sich die Finger. Peter O'Toole nimmt sie in die Hand und zeigt keine Reaktion. Potter: »Aua! Tut ja verflucht weh!« »Natürlich tut es weh.« »Na, was ist denn der Trick dabei?« »Der Trick, William Potter, ist, sich nichts daraus zu machen, dass es wehtut.«

Klar gibt es Grenzen, wenn es beginnt, ungesund zu werden. Aber es gibt auch höllenviel Gejammer. Ich hab Menschen um mich herum, die sich wegen zwei Blasen den Tag versauen und über einen Besuch der Notfallpraxis am Wochenende nachdenken. Andere nehmen sie einfach nur wahr. Duschen nach dem Training und ziehen sich frische Socken an – das wars. Jammern ist nicht schlimm – es gibt verschiedene Wege, um glücklich zu werden.
Sich nix daraus machen, ist auch einer. In Jordanien bin ich mal ein 250-Kilometer-Rennen gelaufen. Paolo Barghini und ich waren die beiden Führenden im Rennen, und die letzte Etappe ging über 76 Kilometer. Paolo war etwas vor mir und hat sich unterwegs leider den Fuß gebrochen (Ermüdungsbruch). Als ich zu ihm kam, haben wir kurz

darüber gesprochen und sind weitergelaufen. 50 Meter vor dem Zielbanner sagte er zu mir: »Lauf du als Erster drüber.« Ich sagte: »Nein, auf keinen Fall – warum das denn?« Paolo: »Es wird Zeit, dass du auch mal eine Etappe gewinnst.« Das war das Thema, nicht der Fuß. Klar konnte er am nächsten Tag keinen Meter mehr gehen. Hätte er anders auch nicht geschafft. Der Fuß wurde wieder heil, keine Sorge.

TRAINING UND EQUIPMENT

Es ist zu individuell, um es hier zu pauschalisieren. Männer, Frauen, leicht, schwer, 50 Kilometer, 500 Kilometer, Berge, Wüste, Dschungel, Antarktis, Hobbyläufer, Frontläufer – zu viele Parameter. Zu Training und Equipment findet man heute so viele Informationen im Internet, ich habe die meisten, wie schon erwähnt, in *Passion Laufen* abgehandelt. Für individualisierte Trainingspläne empfehle ich Carsten Stegner, und bei Equipment verweise ich gern auf unsere Sponsoren. Ihr könnt davon ausgehen, dass wir nur mit den wirklich guten zusammenarbeiten. Das Laufen und die Rennen sind uns schließlich wichtig.

FAZIT

Vielen fehlt die Geduld – gerade denen, die mit Laufen etwas kompensieren wollen. Es einfach cool finden, Trails zu laufen, gern über ihre Leistung sprechen, aber den Kern der Geschichte, das Laufen, nicht begriffen haben. Das ist weiter kein Problem, und ich höre mir das immer wieder an. Aber Sätze wie »… eine bessere Platzierung war bei dem Wetter nicht drin …«, oder mein Lieblingssatz: »Der Wind kam von allen Seiten« lassen den Alten schmunzeln. Mehr nicht. Und wenn mal wieder einer kommt und erzählt, dass er immer so einen roten Kopf hat, so schnell laufen muss, dass er kein Wort mehr rausbekommt, weil er hochpulsig ist, höre ich mir auch das an. Dann fällt mir der Satz von Maras Therapeutin ein: »Blödheit ist nun mal keine anerkannte Behinderung.« Nein, es ist keine Arroganz von mir.

Für mich gilt: Ausdauersport ist konzentrierte Geduld, und Geduld wird früher oder später belohnt. Die meisten von uns wissen, dass es in der Regel »später« wird.